El Manual *para* Mitigación

Purple Feather Press

El
Manual
para
Mitigación

Una Guía Práctica para la Comunidad Alrededor de un Caso Criminal

Por Victoria Rusk

Editado Por Dr. John Jacob Rodriguez

Traducido Por Xóchitl Hernández

El MANUAL *para* MITIGACIÓN

Rusk, Victoria
El Manual para Mitigación: Una Guía Práctica para la Comunidad en Torno a un Caso Penal.

Impreso en los Estados Unidos. Actualizado en 2025.

ISBN: 978-1-959600-08-4

Purple Feather Press
Georgetown, Texas
www.PurpleFeatherPress.com

Publicado originalmente en los Estados Unidos por MILA INK, Huntsville, AL.
Diseño original de portada y texto: Henry Baring
ISBN Original: 978-0-578-76154-1
ISBN English Reprint 2025: 978-1-959600-07-7

*"La injusticia en cualquier lugar
es una amenaza para
la justicia en todas partes."*

- Martin Luther King Jr.

Agradecimientos

Mi más profundo agradecimiento es para las personas que ayudaron a hacer posible este libro. Aprecio su tiempo, energía e inversión. A las personas que participaron en el grupo de enfoque del libro: Guadalupe Ligas, Cecilia Castillo, Cal Pierce, Deborah Turner-Mack, Jimena Escudero, Martha Torres, Erica Aguirre, Nayeli Lara, Alma Castillo y Michael Serrano.

Un enorme agradecimiento a Yenifer Zapata y Daniel Minisini por brindarme tranquilidad y hacer más de lo requerido para mejorar este libro y su impacto en los lectores en las horas finales.

Todos contribuyeron con ideas, opiniones y comentarios de manera generosa. Estoy profundamente agradecida por su apoyo y asistencia.

TABLA DE CONTEXTO

Prólogo por Dr. Rodriguez

Cuando Victoria me lo pidió, escribí este pròlogo. Reflexiono sobre la primera vez que la conocí. Fueron unos años antes de la pandemia mundial. Soy un experto forense y ella estaba trabajando en un caso penal donde se necesitaba mi experiencia. Sabía que se había cometido un delito, que el individuo no era inocente, pero, aun así, el sistema se aprovechó de un individuo con pocos o ningún recurso. En este caso particular, un pandillero fue acusado de intento de asesinato contra uno de los suyos y fue sentenciado a 40 años de prisión. El lado conservador de algunas personas pensaría: que se maten unos a otros. Sin embargo, examinando el caso de cerca se puede comprender que 40 años pueden considerarse un castigo cruel e inusual. Victoria fue contratada. Más tarde me contrataron para darle al abogado de esta persona la información necesaria para representarlo adecuadamente en el juicio. Mi trabajo como experto es enmarcar la información de mitigación con mi investigación y estudio. Victoria lideró la acusación y se mantuvo firme en reducir la sentencia al tiempo cumplido (20 años). Nos unimos para trabajar por el mejoramiento de este cliente. Desde entonces hasta ahora, ha trabajado como voluntaria para educar a la comunidad sobre la mitigación de casos penales. La invité a mi salón de clases Día de las Profesiones. Conozco a dos de mis antiguos alumnos que ahora son especialistas en mitigación gracias a su programa Mitigation Universtiy y tutoría.

La mitigación es un componente crucial e integral del sistema de justicia. Muchas personas que no hablan inglés tienen dificultades para comprender el sistema y de lo que se les acusa. La mitigación desempeña un papel crucial a la hora de abordar diversos desafíos que enfrenta la humanidad, particularmente en el contexto de las cuestiones ambientales (de justicia) y la gestión de desastres. Para mí era importante ser parte de este libro. En mi experiencia, las personas que hablan otro idioma necesitan esta información. Incluso con un abogado bueno y de buena reputación, el sistema está en contra de las personas de color y de quienes viven en la pobreza. La mayoría de los abogados están sobrecargados de trabajo. Mientras escribo esto, muchos abogados no comprenden las idiosincrasias de la mitigación en casos penales. Como experto, he tenido varias conversaciones a lo largo de mi carrera con abogados y sus equipos sobre cómo humanizar la información que presento. Es un reto. Al implementar estrategias proactivas, la Sra. Rusk y profesionales como ella pueden limitar la gravedad de las sentencias, proteger aún más la vida y preservar una parte del sistema de justicia. Invertir en mitigación es una inversión para salvaguardar nuestra planeta y mejorar el bienestar global. Victoria Rusk es una defensora y la voz de quienes no pueden desafiar un sistema que necesita muchas reparaciones. ¡Por esa razón, estoy a su lado para hacerle llegar este libro!

INTRODUCCIÓN

La vida es una exploración continua. Un especialista en mitigación en defensa criminal se dedica a comprender los aspectos básicos de la vida de una persona, la historia de su familia de origen, sus experiencias en la escuela, trabajos, relaciones y cómo vivió esas experiencias. Cada vida tiene una historia.

Este libro comparte el trabajo de mi vida como especialista en mitigación y los resultados que he visto en mi experiencia hasta ahora. Compartiré mi conocimiento profesional, mi interpretación de lo que es la mitigación y cómo puede funcionar en la defensa criminal. Mi objetivo al escribir este libro es hacer que la mitigación sea accesible en tantos casos como sea posible, un día en todos ellos. Este libro está dirigido a cualquier persona interesada en la mitigación. Está diseñado como una herramienta para que las personas lean, aprendan, asimilen la información y utilicen mis antecedentes, mi experiencia, mi conocimiento y lo hagan suyo.

La defensa criminal es un lugar para guerreros, humanitarios y narradores de historias. Me veo a mí misma como los tres. Creo que siempre estuve destinada a estar en mitigación. El camino que tomé puede parecer tortuoso al principio, pero mirando hacia atrás, creo que siempre fue directo hacia la defensa criminal. He trabajado en una variedad de campos, uno de los cuales es la construcción de viviendas nuevas, donde conocí a personas que habían estado encarceladas. El trabajo de construcción era el trabajo entre trabajos, para llegar a fin de mes, ¡pero estoy muy contenta de haberlo tenido! Anteriormente, trabajé para la Fundación para la Epilepsia, donde aprendí lo único que es el cerebro.

Antes de eso, trabajé en Guam como salvavidas. Mi primer trabajo fue en el periodismo durante seis años. Dije que era un camino sinuoso, ¿verdad? Cada experiencia contribuyó a lo que me he convertido y a cómo practico la mitigación. Con cada paso de mi desarrollo profesional, adquirí conocimientos y habilidades que aplico a mi trabajo hoy. No estoy sola. La mayoría de los abogados con los que trabajo han tenido experiencias de vida que los apasionan por este trabajo. Han elegido ser los primeros en responder a eventos que conmocionan, enfurecen e incluso traumatizan a los involucrados. Los abogados con los que trabajo tienen una cosa en común: creen en la justicia. También saben, como yo, que la justicia no es fácil. Debe basarse en nuestra humanidad común. Hay angustia y significado en las historias no contadas.

Crecí en Lubbock, Texas, la chica del medio entre dos hermanos. Mis padres se divorciaron cuando yo tenía seis años. Vivía principalmente con mi mamá en la calle 65, a una cuadra de la vivienda popular. Tenía una relación cercana con una amplia comunidad de familiares y amigos. También estaba cerca de mi papá, un camionero. Toda la gente que me amaba me mantuvo a salvo. Son mi base y cómo me convertí en una mujer valiente. Me enseñaron lo que significa dar a los demás, cuidar al prójimo. Cuando vieron a alguien en problemas, ayudaron. Para ellos fue algo natural, y ahora eso está profundamente arraigado en mí, no solo caminar junto a alguien que lo necesita.

Tuve que trabajar duro mientras crecía para ganar dinero. Cuidé niños y limpié casas. Hice todo el trabajo que pude encontrar. Fui la primera persona de mi familia en ir a la universidad. Los trabajos que tuve cuando tenía veinte años (productor de noticias de televisión, portavoz, trabajador de la construcción) llevaron a mi amigo a pensar que yo sería una candidata natural para la mitigación. Envió mi currículum a la oficina del defensor público. Me contrataron después de dos entrevistas. Creo que el gerente de contratación apreció que mi corazón, mi pasión y mis habilidades en otros trabajos me llevaran a una carrera en mitigación. Me entrené en el oeste de Texas y luego me mudé a Houston. He estado trabajando en la mitigación de casos de pena de muerte desde entonces.

Siempre he estado "en todo" con el trabajo de especialista en mitigación, y "todo dentro" es como estoy escribiendo este libro. Mi objetivo es darle vida a esta información. Todas mis experiencias me han traído aquí. Esta experiencia y comprensión pueden ayudar a otros.

Lo que me lleva a algo que quiero compartir: la dimensión espiritual en el corazón de la investigación de mitigación. Implica seguir tu corazón, confiar en el proceso, en las personas, a veces incluso tener una confianza ciega en las personas del caso. Sobre todo, significa dejar de lado las expectativas y permitir que el caso se desarrolle. La investigación de mitigación es el proceso de resolver el misterio de la motivación de una persona individual en una situación única.

La investigación de mitigación sigue las pistas de personas y registros. No hay garantía de que esas personas y registros vayan a existir, o que usted tenga acceso a ellos, y cuando lo hacen, no sabe lo que va a encontrar. Hay mucha fe y confianza en la ecuación de la mitigación. ¿Por qué un testigo habla y otro no? ¿Por qué todos los registros muestran que una dirección es correcta, pero nunca hay nadie en casa? Una vez, obtuve tres direcciones para una persona y, afortunadamente, la persona en una dirección sabía dónde encontrar la otra. ¿Por qué una institución tiene registros de hace treinta y cinco años, pero otra institución destruye los registros después de cinco años? ¿Por qué un miembro de la familia ama a la abuela pero el resto de la familia la odia? ¿Cuántas entrevistas se necesitan para que una persona se abra? ¿Cómo saber qué información tocará a un jurado para elegir la vida sobre la muerte? Las diferentes respuestas se encuentran en cada caso. Estos son los misterios que solo se pueden descubrir con el ejercicio de la confianza y la fe. La persistencia es clave. Creer en un panorama general es imprescindible. La mitigación está llena de milagros. No hay dos seres humanos iguales. Cada caso es único. La honestidad es todo.

CAPÍTULO 1: ESTE LIBRO ES PARA TI

Este libro explica a la comunidad cómo enfrentar un caso judicial, cómo actuar en temas de defensa criminal y cómo ayudar a una persona acusada. El libro describe las funciones de los miembros del equipo de defensa, el proceso de investigación y las pruebas atenuantes. Personalmente, espero que el lector llegue a comprender qué es un "castigo justo" en el sistema de justicia penal estadounidense.

Un caso penal representa mucho más que un grupo de personas trabajando para la acusación o la defensa. Hay un equipo que representa al estado o al pueblo y otro equipo que trabaja en nombre del acusado. También hay actores independientes, como jueces, jurados y personal de la corte. Detrás de cada caso hay policías, testigos, víctimas y sus familiares, y los acusados y sus familiares.

Los caminos de todas estas personas se cruzan y forman una comunidad. Las mejores relaciones entre los abogados y la comunidad, incluido el cliente (el acusado), se desarrollan cuando se establece confianza. La investigación de mitigación se enfoca en "el por qué" del crimen y humaniza al imputado ante los ojos de los veredictos independientes, es decir, el jurado y el juez.

Lo más probable es que, si está leyendo este libro, forme parte de un equipo que quiere lograr un resultado justo y pacífico. Es posible que un abogado le haya entregado este libro, puede ser que sea un abogado usted mismo o alguien que busca convertirse en un especialista en mitigación o alguien que está acusado de un delito. Quizás su abogado habló con usted sobre la mitigación y le entregó este libro para aprender más allá de lo que le puede explicar un especialista o un investigador. El objetivo de este libro es explicar la mitigación en su máxima expresión y explicar algunas formas concretas para actuarla.

1

Si está relacionado con alguien acusado de un delito, con este libro aprenderá cómo la mitigación puede ayudar a su ser querido y cómo usted mismo puede participar en la mitigación. Pero tenga en cuenta que en las primeras etapas de un caso va a tener más preguntas que respuestas. Si puede, contrate a un abogado inmediatamente después de que el ser querido sea acusado. Si no puede financiar un abogado, entonces le será designado un abogado después de la lectura formal de los cargos en la corte. Incluso si no está relacionado con alguien acusado de un delito, este libro puede ayudar porque todos jugamos un papel en la sociedad.

¿Qué sucede cuando ve en el noticiero de la noche a alguien que conoce al que se le acusa por un crimen atroz? Sucede que queda en estado de shock, asustado, avergonzado de conocer a esa persona por la noticia tan espantosa. En ese momento un especialista en mitigación podría ponerse en contacto con usted y preguntarle "¿Puedes hablar sobre esta persona que conoces (tu exalumno, tu amigo, tu empleado)?". Contestando a esas preguntas se le asigna el rol de testigo de mitigación y leer este libro ayudará a entender cómo ayudar concretamente a la persona acusada y cómo seguir el protocolo para ayudar adecuadamente.

Si el que lee es un abogado defensor me gustaría que el libro sirviera para fortalecer la búsqueda de justicia por su cliente. La mitigación es una herramienta poderosa que puede llegar a éxitos en casos y situaciones muy desafiantes. El abogado principal, y líder del equipo de defensa, tiene la responsabilidad de presentar la mitigación al cliente, a los testigos, al fiscal y al juez, así pues escribo este libro para usted y para las personas con las que se relaciona todos los días. Si alguna vez le ha dedicado tiempo en explicar a los miembros de su equipo, o a la comunidad del cliente, lo que es la mitigación y cómo se puede usar, sabe lo importante que es para todos entenderlo.

Todos los abogados deben tener al menos diez copias de este libro para regalar porque este libro ahorra todo el tiempo que los abogados invierten en repetir la misma información una y otra vez. Así es, este libro ayuda a ahorrar tiempo, independientemente de que usted sea un abogado defensor con muchos años de experiencia en mitigación o un abogado con su primer proceso de mitigación.

Mi objetivo es brindar la mayor cantidad de información de manera accesible y comprensible. Cuando los clientes y los testigos sepan lo que los profesionales sabemos sobre nuestro campo, nuestro trabajo será más fácil. Así que los especialistas en mitigación pueden entregar este libro a todos los que se puedan beneficiar del entendimiento de los procesos de mitigación.

Existe evidencia de mitigación en cada caso y, si lo pensamos bien, también en el corazón de cada uno de nosotros. Al fin y al cabo, no importa el por qué estás leyendo este libro, pero espero que te sirva para saber que es la mitigación y cómo utilizarla en el sistema de justicia penal de Estados Unidos. Si todas las personas involucradas en un caso supiesen como y cuando utilizar la mitigación, todas podrían marcar la diferencia, sin importar la impotencia, vergüenza o enojo que cada persona siente.

Capítulo 2: La definición de mitigación

La definición básica de mitigación del diccionario es "hacer algo menos severo, peligroso, doloroso o dañino".[1] En el contexto de un caso penal, ese "algo" es la sentencia o el castigo. Entonces, la mitigación en defensa criminal es el proceso de hacer que las sentencias y los castigos sean justos para la persona acusada. Para mí, la mitigación es una forma de biografía, en efecto es la descripción de la vida del acusado. La mitigación no se hace para mitigar al crimen, el crimen no puede hacerse menos doloroso o dañino, entonces, entre nosotros decimos "mitigamos a la persona, no al crimen." Humanizamos al acusado, contamos la historia de sus experiencias humanas. Nuestro objetivo es presentar información y puntos de vista alternativos a las personas que toman las decisiones para que tomen una decisión moral sobre el castigo que asignarán.

Aunque la investigación criminal existe desde hace siglos, el concepto moderno y profesional aparece tan solo en el siglo veinte.[2] Los fiscales, los policías y los investigadores se centran en averiguar quién, qué, dónde, cuándo y cómo. Buscan las circunstancias agraviantes del delito, factores que se utilizan para pretender una sentencia más severa. **¿Pero qué pasa con la otra cara de la moneda?** ¿Por qué se cometió ese determinado crimen? Ahí empezamos a hablar de mitigación.

Puede haber una investigación de la defensa sobre quién, qué, dónde, cuándo y cómo, pero la investigación de mitigación se expande mucho más allá del crimen. Las investigaciones de mitigación recopilan y presentan pruebas de "factores atenuantes" de

---

1 "Mitigación." Diccionario Merriam-Webster.com, Merriam-Webster, https://www.merriam-webster.com/dictionary/mitigation. Consultado el 29 de mayo 2020.

2 Braga, A., Flynn, E, et al. "Moviendo el trabajo de los investigadores criminales hacia el control del crimen." Nuevas perspectivas policiales. Programa de la escuela de Harvard Kennedy en la política y gestión de la justicia penal e instituto nacional de justicia, marzo 2011. Obtenido de https://www.ncjrs.gov/pdffiles1/nij/232994.pdf.

toda la vida del acusado para asegurarle un juicio y una sentencia justa. La mitigación le pide al juez y al jurado que mire más allá de la pérdida inmediata y considere las circunstancias de vida significativas que condujeron al delito. La mitigación no busca disculpar las acciones del acusado. Su objetivo es ayudar a las personas que toman decisiones para que determinen un castigo justo basado en el entendimiento del acusado como persona completa. Comprender la mitigación es tan importante para los jurados y jueces como para los abogados defensores y los acusados. Todos los abogados deben prepararse para el castigo, incluso si saben que su cliente es inocente, porque el juez o el jurado son los que toman las decisiones, son los que tienen la última palabra. Así pues la investigación de mitigación debe ser parte del plan desde el comienzo del caso.

Me convertí en una especialista en mitigación profesional en Texas, un estado con una de las tasas más altas de condenas de muerte y ejecuciones en el país. No importa cómo se sienta con respecto a la pena de muerte o al encarcelamiento masivo, todos tenemos interés en un sistema de justicia criminal justo. Los derechos de una persona acusada están protegidos por la ley y la constitución. Y por eso la mitigación es importante, pues equilibra la balanza de la justicia. Lo hace a través de los equipos de defensa, les da a los abogados la oportunidad de defender eficazmente a sus clientes. Así pues los equipos de defensa necesitan entender a fondo cómo funciona la mitigación. La mitigación es el proceso que saca la verdad, toda la verdad. Y siendo yo una especialista en mitigación, siento la obligación moral de compartir lo que he aprendido para el beneficio de todos, y no solo para otros especialistas que ya están en el campo ¿Qué pasa con las personas que no son profesionales, las personas que no han elegido formar parte de un caso, pero se encuentran frente a la gran máquina del sistema de justicia criminal?

Durante mis experiencias en casos penales, he estado en contacto con muchas personas vulnerables, heridas, asustadas y hambrientas de información. Escribo este libro para comunicarles lo que he aprendido con quienes más lo necesitan. Entender la mitigación puede marcar la diferencia para los acusados, los miembros de la familia, los potenciales testigos y cualquier persona involucrada en un caso criminal.

Históricamente, la mitigación se ha centrado en los casos más críticos: los casos de pena de muerte. En realidad, la mitigación ayuda a generar sentencias justas para muchos otros cargos criminales. Desde el momento que se restauró la pena de muerte hasta principios de la década de los 2000 los abogados no tenían pautas sobre cómo investigar, presentar o utilizar la evidencia de mitigación. La falta de mitigación resultó en una asistencia ineficaz de consejo y causó resultados injustos.[3]

En una serie de decisiones en la década del 1970, la Corte Suprema dictó que los jurados y los jueces debían considerar los factores atenuantes:

> La corte Suprema ha dictado que, al decidir entre la pena de muerte y la cadena perpetua, el jurado puede considerar cualquier prueba atenuante que considere relevante. Se instruye al jurado a considerar los factores atenuantes presentados por la defensa frente a los agravantes presentados por la fiscalía.[4]

Esta regla obligaba legalmente a los equipos de defensa a presentar la información necesaria ante el juez o el jurado para una sentencia justa para cada persona.

---

3 Stetler, R. y Wendel, W. (2013). "Las directrices de la ABA y las normas de representación de la defensa capital" Publicaciones de la Facultad de Derecho de Cornell. 631. https://scholarship.law.cornell.edu/facpub/631.

4 Mitigación en casos capitales, recuperado de https://capitalpunishmentincontext.org/issues/mitigation.

La **Barra de la Asociación Americana** (ABA) publicó pautas para los casos de homicidio capital en el 2003 y, desde entonces, sigue actualizándolas. Las pautas dicen que el equipo de defensa debe realizar una investigación completa sobre la vida entera del cliente. En Junio del 2020, la Corte Suprema determinó que un abogado a cargo de un caso de pena de muerte que no investigue la vida del cliente, incluida su infancia, estará brindando asistencia letrada ineficaz.[5]

Las pautas señalan las condiciones de salud, las enfermedades mentales, las discapacidades, los factores raciales y socioeconómicos como influencias relevantes. De hecho los registros médicos, educativos, correccionales, militares y otros más deberían ser revisados. **La Barra de la Asociación Americana** también describe las cualidades necesarias en un especialista profesional en mitigación[6] y establece pautas de mitigación. Además los procuradores deben asegurarse de que los abogados hagan su trabajo para que el sistema pueda brindar juicios justos. En 2008, las reglas de la ABA describieron específicamente los elementos necesarios de mitigación:

> El equipo de defensa debe realizar un seguimiento continuo, exhaustivo y una investigación independiente de cada aspecto del carácter, historia, historial del cliente y cualquier circunstancia del delito u otros factores que puedan proporcionar una base para una sentencia menor que la muerte. La investigación del historial de vida de un cliente debe examinar un amplio conjunto de fuentes que incluye, entre otros: historial médico; información completa sobre salud prenatal, pediátrica, y de adultos; exposición a sustancias nocivas en el útero y en el medio

---

5 Weiss, D. (2020). "El abogado defensor que no investigó la mala infancia de un cliente condenado a muerte fue deficiente", dice SCOTUS. https://www.abajournal.com/news/article/capital-lawyer- who-didnt-probe-clients-badchildhood-was-defficient-supreme-court-says
6 Directrices de la ABA para el nombramiento y desempeño de abogados defensores en casos de pena de muerte, DIRECTRIZ 10.11 - EL CASO DE DEFENSA: FUNCIONES DE MITI- GACIÓN REQUISITAS DEL EQUIPO DE DEFENSA, 2008, https://www.americanbar.org/ groups/ committees/death_penalty_representation/resources / aba_guidelines / 2008-Supplementa- ry-Guidelines / 2008-guideline-10-11 /
Para una revisión más extensa de la historia de estas pautas de mitigación y los casos legales que muestran los efectos de la mitigación en los resultados, consulte el Apéndice.

ambiente, historial de abuso de sustancias, salud mental, maltrato y abandono, trauma y educacional; historia de empleo y formación; experiencia militar; antecedentes familiares multigeneracionales, trastornos genéticos y vulnerabilidades, así como patrones de comportamiento multigeneracionales; experiencia correccional previa para adultos y jóvenes; influencia religiosa, de género, orientación sexual, étnicas, raciales, culturales y comunitarias; factores socioeconómicos, históricos y políticos.[7]

La adopción de las directrices de la ABA para los casos de pena capital fue un paso importante para garantizar que los tribunales ofrezcan un juicio justo y con todo incluido para el mejor intento de prevenir una sentencia de muerte. Desde entonces, la práctica de abogados y especialistas en mitigación ha creado procedimientos y éticas adicionales para promover el éxito de la mitigación en una variedad de casos.

La constitución de los Estados Unidos garantiza el derecho a un juicio y a un abogado eficaz, protegiendo los derechos del cliente durante todas las fases del caso. Esto incluye la etapa de declaración de culpabilidad (Lafler v. Cooper, Fyre v. Missouri), la investigación de mitigación sea en casos capitales (Wiggins v. Smith, Rompilla v. Beard) y no capitales (Shanklin v. State), más la presentación de evidencia (McCoy v. Louisiana) y el dere- cho general a un abogado efectivo (Strickland v. Washington). Algunas de estas responsabilidades deben ser contratadas a otros profesionales. Vea más de estos casos en el índice.

Para obtener el mejor resultado posible, es vital buscar un especialista en mitigación casi tan pronto como se nombre a los abogados. La investigación de mitigación cumple ciertas responsabilidades con respecto a la sentencia y la preservación de

---

7 Directrices de la ABA para la designación y desempeño de abogados defensores en casos de pena de muerte, DIRECTRIZ 10.11 - EL CASO DE DEFENSA: FUNCIONES DE MITI- GACIÓN REQUISITAS DEL EQUIPO DE DEFENSA, 2008, https://www.americanbar.org/groups/committees/ death_penalty_representation/resources/ab a_guidelines / 2008-Supplementary-Guidelines / 2008-guideline-10-11 /

los derechos del cliente. La mayoría de los abogados no tienen el tiempo o la capacitación de la facultad de derecho para investigar y catalogar adecuadamente la mitigación para su representación en la fase de sanción de un juicio. Los abogados menos establecidos pueden buscar la ayuda de grupos profesionales bien establecidos en su estado. Es importante que el abogado busque financiamiento y emplee a un especialista en mitigación competente para ayudar con la investigación y catalogación de esta importante evidencia.

Las pautas de la ABA explican las habilidades que deben poseer un especialista en mitigación, incluida la construcción de relaciones, las habilidades para las entrevistas y la integridad. Específicamente, las pautas de la ABA establecen que:

Los especialistas en mitigación deben ser capaces de identificar, localizar y entrevistar a personas relevantes de una manera culturalmente competente que produzca información confidencial, relevante y confiable. Deben ser entrevistadores capacitados que puedan reconocer y obtener información sobre los signos y síntomas de salud mental, tanto prodrómicos como agudos, que pueden manifestarse a lo largo de la vida del cliente. Deben poder establecer una relación con los testigos, el cliente, y más familiares y otras personas importantes que sean suficiente para superar las barreras que esas personas puedan tener contra la divulgación de información confidencial y para ayudar al cliente con el impacto emocional de dichas divulgaciones. Deben tener la capacidad de asesorar a un abogado sobre la salud mental adecuada y otras asistencias de expertos.[8]

En un mundo perfecto, el campo legal estaría inundado de especialistas en mitigación que podrían realizar todas las tareas

---

8 Directrices de la ABA para el nombramiento y desempeño de abogados defensores en casos de pena de muerte, DIRECTRIZ 5.1 - CALIFICACIONES DEL EQUIPO DE DEFENSA 2008, https://www. americanbar.org/groups/committees/death_penalty_representation/resources / aba_guidelines / 2008-Supplementary-Guidelines / 2008-guideline-5-1 /

enumeradas en las pautas de la ABA. En el mundo real, sin embargo, todavía no hay suficientes especialistas en mitigación para satisfacer las necesidades de todos los acusados de un delito. No es que no haya suficientes personas calificadas en el país, es que no hay suficientes personas que conozcan el campo de la mitigación.

Dado que los casos de pena de muerte exigen más tiempo y atención, el número de casos puede llegar a ser inmanejable, dependiendo de la situación. En algunas ciudades, depende de quién esté disponible y si ese caso requiere viajar fuera de la ciudad, sin mencionar cómo se financiará el caso. Los especialistas en mitigación que poseen los conjuntos de habilidades descritos en las pautas de la ABA, por ejemplo, para establecer relaciones y comprender enfermedades mentales, son una invaluable parte de la preparación para el castigo, sin importar como se logre el financiamiento (nombramiento privado o judicial). Mi observación es que muchos jueces y abogados están comenzando a reconocer la importancia de los especialistas en mitigación en las sentencias justas. Sin embargo, es posible que no siempre sea posible designar a un especialista en mitigación en varios casos de delitos graves. En mi opinión los momentos críticos para presentar pruebas de mitigación son dos: antes de que un caso vaya a juicio y durante las negociaciones de la declaración de culpabilidad. Sin embargo, la investigación de mitigación se lleva a cabo meses antes, por lo que es importante que se incorpore al especialista en mitigación lo antes posible. Cuanto antes mejor porque la mitigación produce resultados más justos y pacíficos. La mitigación descubre temas y hechos importantes que influyen e informan a una estrategia de defensa eficaz. Espero que la ley se esté poniendo al día con esta realidad.

Capítulo 3: El equipo de defensa

La mitigación y la narración conectan los puntos para los responsables que toman las decisiones. Los abogados defensores trabajan con un equipo de profesionales: un investigador, un asistente legal, un especialista en mitigación, expertos forenses y otros abogados. Estos profesionales forman "el equipo de defensa". El equipo de defensa también puede estar formado por miembros de la comunidad que rodea el caso, como la familia, los testigos y los propios clientes. Todos los profesionales son contratados para hacer el trabajo de representar al cliente. Podrían estar en esta línea de trabajo por diversas razones. En mi experiencia, los abogados defensores creen en la justicia para todos y luchan por los desamparados. Quieren que nuestro sistema sea justo y creen en servir a las personas que de otro modo no tendrían representación. No es posible adivinar cuáles podrían ser sus motivos, pero tenga en cuenta que estos profesionales han optado por trabajar en defensa criminal.

Mientras escribo este libro, la mayoría de los equipos de defensa de delitos graves constan de un abogado, un investigador y testigos expertos. Para los casos de homicidio capital, el equipo debe nombrar dos abogados, uno de los abogados debe estar calificado para caso de homicidio capital, un investigador de hechos y un especialista en mitigación. Dependiendo del estado y condado, uno de los abogados debe estar calificado en homicidios capitales de acuerdo con las pautas de esa jurisdicción. Cada uno es un especialista: el abogado de la ley, la investigación de hechos y la doble verificación de la investigación policial, el especialista en mitigación se ocupa de armar el rompecabezas que formará una imagen completa de la vida del acusado.

El Abogado

El abogado principal es el jefe del equipo. El trabajo de los abogados defensores es conocer, argumentar y proteger a sus clientes bajo la ley. Para ejercer la abogacía en cada estado, un abogado debe tener una licencia de abogado, y la mayoría de los estados requieren que el abogado sea miembro del colegio de abogados de ese estado. El abogado es el único miembro del equipo que puede abogar dentro de la sala del tribunal por el mejor interés de sus clientes.

El abogado principal tomará las decisiones más importantes del caso: temas del juicio y qué información es importante presentar al juez o jurado, así como negociar una declaración de culpabilidad negociada. El abogado también determina qué información de mitigación se utiliza en los procedimientos judiciales. El abogado defensor contrata profesionales para cubrir áreas de especialización como enfermedades mentales o discapacidad intelectual, confesiones, lesiones cerebrales, traumas infantiles, el impacto del servicio militar de combate y muchos otros factores atenuantes. Cada uno de estos profesionales contribuye al caso, pero en última instancia, el abogado registrado es el único y oficial responsable.

El Investigador

El investigador de hechos investiga el crimen y revisa la investigación de los fiscales, policías y detectives para el equipo de defensa. El investigador lleva a cabo un trabajo independiente en el que entrevista a personas y solicita registros para averiguar qué es lo que no hizo la policía y los detectives. Este es el "quién, qué, dónde, cómo, cuándo" de la investigación. El investigador investiga los hechos que rodearon el crimen, realiza seguimientos, encuentra testigos que no están en el reporte policial, solicitan datos telefónicos y otros registros para ayudar a defender al acusado. Los investigadores de la defensa pueden volver a entrevistar a los testigos del crimen para obtener más información o verificar lo que dice el informe policial, investigan la información de antecedentes, interrogan testigos, y pueden entregar citaciones.

El Especialista en Mitigación

El especialista en mitigación y el investigador utilizan diferentes enfoques para obtener información. La investigación de hechos es una investigación más formal para examinar los hechos del caso. La investigación de hechos describe el incidente o la acusación de manera lineal. La investigación de mitigación va más allá del delito y **entra** mucho más en la historia de la vida del acusado. Esta es la investigación del "por qué". En muchos casos, el especialista en mitigación puede identificar problemas de salud mental del acusado. Las pautas de la ABA requieren que los especialistas en mitigación "reconozcan y obtengan información sobre los signos y síntomas de salud mental".[9]

Un especialista en mitigación rara vez visita la escena del crimen, pero debería estar dispuesto a hacerlo porque podría haber información allí. El especialista en mitigación debe comprender las circunstancias del crimen y buscar mitigación en la historia del crimen. El punto es encontrar pruebas atenuantes sobre el acusado, no sobre el crimen. El crimen es uno de los muchos eventos trágicos en la vida del acusado. Cuando se trata de descubrir la historia de su vida, el enfoque investigativo del hecho es demasiado directo y puede dañar el proceso de mitigación.

Los abogados solicitan información en una variedad de formatos y el especialista en mitigación se dedica también a identificar expertos y entregar materiales a los expertos. El especialista en mitigación recopila archivos de registros, documentos, evaluaciones de expertos y otros materiales y se los entrega al abogado.

Si se asegura el financiamiento, el trabajo del especialista en mitigación continuará hasta la producción de los "entregables", el paquete de documentos, fotos, exhibiciones, líneas de tiempo, cronologías y/o un informe resumido proporcionado para el

---

9 Directrices de la ABA para el nombramiento y desempeño de abogados defensores en casos de pena de muerte, DIRECTRIZ 5.1 - CALIFICACIONES DEL EQUIPO DE DEFENSA 2008, https://www. americanbar.org/groups/committees/death_penalty_representation/resources / aba_guidelines / 2008-Supplementary-Guidelines / 2008-guideline-5-1 /

abogado. Los casos complejos, como el asesinato, necesitan al menos 850 horas de mitigación. Si el financiamiento no está disponible o no está aprobado, el especialista en mitigación hará todo lo posible para brindarle al abogado lo que necesita para seguir adelante, por ejemplo, una lista detallada de tareas pendientes. En los casos designados por el tribunal, un juez concede o niega la financiación. En los casos privados el acusado paga los servicios de mitigación.

La mitigación requiere comunicación y divulgación de la información. Los factores atenuantes pueden ser literalmente cualquier elemento que lleve a la compasión y la comprensión de los que toman las decisiones. Cuando el entorno y/o la relación son buenos, los testigos se sentirán cómodos compartiendo esta información, ya sea durante la investigación o en el podio. Un buen especialista en mitigación lidera con compasión y establece una buena relación mucho antes del juicio o antes de la preparación de una declaración jurada. De todos los profesionales del equipo, el especialista en mitigación es el que tiene el mayor contacto con los miembros de la comunidad que rodean el caso y con las personas involucradas que no están necesariamente capacitadas para trabajar en defensa criminal, pero que pueden ser parte del equipo.

La Familia

Estos testigos son personas involucradas en el caso de una manera muy directa. Los familiares, los amigos, los niños, los miembros de la iglesia y otros testigos tienen que saber que juegan un papel importante en la defensa. Es posible que no comprendan completamente cómo funciona el sistema de justicia penal, es posible que nunca hayan entrado en un tribunal y que nunca hayan oído la palabra "mitigación", aun así, lo que pueden compartir puede resultar ser lo único que salve a su ser querido de un castigo desproporcionado, incluso de la muerte.

Defendiendo a la persona: Alberto
(todos los nombres y los detalles de la historia son ficticios)

Alberto fue arrestado y acusado de homicidio durante un tiroteo desde un vehículo. Él era el conductor y no apretó el gatillo. De todos modos, el fiscal buscaba la pena de muerte. Llegué al caso desde el principio y me di cuenta de que había muchas razones para tener esperanzas. Alberto estaba dispuesto a cooperar; eso iba a ayudar. Venía de una familia numerosa y todos estaban dispuestos a hacer lo que pudieran. El sistema nunca los había tratado injustamente, por lo que tenían mucha confianza. También querían que sus amigos y vecinos los ayudaran. Alberto tenía una gran comunidad a su alrededor. Un obstáculo fue que los profesionales simplemente no podían comunicarse con todos y no podían hacerlo todo el tiempo. Algunos miembros de la familia solo hablaban español y no todos vivían en el mismo sitio. Necesitábamos que una persona actuara como intermediaria para el equipo de defensa. La hermana de Alberto, Aurora, dio un paso al frente, sin que se lo pidiéramos, y ayudaba a superar obstáculos. Aurora se mantuvo muy involucrada en el caso, a pesar de sus propias emociones. Logró superar el miedo, la vergüenza y la decepción para convertirse en una defensora increíble de una sentencia justa para Alberto. Aurora tradujo del español al inglés, proporcionó un lugar para que la gente se reuniera y ayudó a los familiares con una campaña de redacción de cartas al fiscal de distrito. Aurora pudo traer más personas al caso, personas que querían ver justicia para todos. Se mantuvo profesional incluso cuando era difícil, estuvo brillante. El cargo de asesinato capital de Alberto fue degradado a un cargo diferente. El juez le dio una sentencia de acuerdo con las pautas para ese cargo, no por homicidio capital. La mitigación, junto con su cooperación y la de su familia, le salvó la vida. Todavía soy amiga de Aurora y su familia.

Los miembros de la familia son un activo poderoso y cuando la familia entiende cómo funciona el sistema, ayuda todavía más. Entender el sistema significa entender que se puede y qué no se puede controlar. Lo que podemos controlar es cuánto compartimos de nosotros mismos para mejorar el caso. Una cosa que no podemos controlar es el tiempo que lleva juntar las piezas del rompecabezas. Recuerde que la estrategia de la defensa, el rompecabezas completado, no se resolverá de la noche a la mañana.

Las emociones que pueden surgir durante el caso pueden ser sorprendentes. Los miembros de la familia pueden seguir el caso tan de cerca que pueden sufrir estrés emocional y sentirse agotados. De ser así, se deben establecer ciertos límites para no empeorar la situación. Hay que informar, pero también hay que cuidar a la familia para que la familia pueda ayudar adecuadamente al acusado.Todo el mundo tiene un papel que desempeñar. El primer paso es conocer la función de cada cual. Esto requiere confianza y la confianza se basa en la comunicación y la vulnerabilidad.

El papel de madre, padre, hermano o hermana, además de estar informado es el de ser cooperativo y valiente. Cooperativo porque no se puede representar completamente al acusado sin su ayuda. Valiente porque se pide compartir información de todo tipo con minucioso detalle. Y, claro, se necesita valor para ganar la vergüenza y hablar sobre dramas familiares, amores, incestos, pobreza, abandono y las complejidades de la vida. Hablar sobre temas que afectaron el desarrollo del ser querido o del miembro familiar mismo es difícil y algunos miembros de la familia se sentirán puestos a prueba a nivel físico y espiritual durante el transcurso del caso penal.

Cada miembro de la familia debe compartir todo lo que pueda con el equipo de defensa, incluso cuando el equipo no pueda compartir información con la familia. Quede claro que toda la información está protegida y el testimonio de la familia también será confidencial. Así como el abogado no puede contar lo que dicen otras personas, el abogado no compartirá con nadie lo que cada miembro familiar diga al abogado. El especialista en mitigación recopila información durante muchas semanas y meses antes de que pueda ser digerida y organizada para una declaración de culpabilidad o juicio. Cuando el equipo de defensa se ponga en contacto con un miembro de la familia, el miembro tiene la libertad de elegir si participar o no al proceso. Pues es muy posible que aún esté procesando su propia respuesta emocional al presunto delito o puede que crea que no tiene nada que ofrecer. Aun así, se invita la familia a contar lo más posible al especialista en mitigación o al abogado dejando que sean ellos los que determinen la importancia de la narración.

El abogado y otros profesionales que trabajan en el equipo de defensa pueden seguir reuniéndose con la familia a lo largo de meses o incluso años. Algunas preguntas que la familia puede hacer al abogado y a su equipo son las siguientes:

- ¿Cómo me pongo en contacto con el equipo? ¿Cómo me contactareis?

Esta parece una pregunta básica, pero es sorprendente la cantidad de expectativas diferentes que existen para la comunicación. Algunas personas no tienen teléfono, otras no reciben correo de voz, otras no reciben mensajes de texto, otras solo usan el correo electrónico, algunas no utilizan comunicaciones electrónicas de ningún tipo.

- ¿Qué podemos saber sobre la culpabilidad o inocencia?
- ¿Cuál es el margen de castigo por los cargos?

Aunque el acusado no haya sido condenado, el abogado debe prepararse para cualquier adversidad, incluso la condena. Abogados y familiares deben estar abiertos a todas las conversaciones y posibilidades.

- ¿Cómo funciona la mitigación en un acuerdo de culpabilidad?
- ¿Qué piensan del juez?
  ¿Cómo ve ese juez la mitigación?

Estos son ejemplos, pero muchas más serán las preguntas que tiene la familia. La familia no obtendrá todas las respuestas que desea al comienzo del proceso pero no debe tener miedo de preguntar, pues lo peor que puede pasar es que el abogado diga: "No lo sé" o "No puedo decirte eso". Por ejemplo, el abogado no puede decir si el cliente es culpable o inocente, no puede predecir el futuro, no puede compartir los hechos del caso ni ninguna información privilegiada entre abogado y cliente. Esto parecerá unilateral, y lo es, pero sirve para proteger al cliente y el caso. El proceso se desarrolla de esta manera. Y se necesita que la familia tenga paciencia y entienda la situación.

En los casos en los que no hay un especialista en mitigación, un miembro de la familia o un defensor del cliente puede hacer algo importante, con el permiso del abogado. Por ejemplo, pueden firmar un comunicado, o conseguir que se firme uno, para que el abogado pueda obtener registros,pueden recuperar una variedad de registros, pueden informar a las personas sobre el caso y redu-cir la cantidad de llamadas telefónicas cuando varias personas tienen las mismas preguntas para el abogado, pueden escribir una declaración jurada o acudir a la corte y testificar. Además, pueden visitar al cliente y brindarle apoyo emocional (recuerde que todo el correo de la cárcel y las llamadas telefónicas están grabadas). Aquí es donde los círculos de personas alrededor de un caso comienzan a ser importantes. Siempre hay una forma de ayudar. Nada es demasiado pequeño.El equipo de defensa necesitará toda la ayuda que pueda obtener, especialmente cuando trabaja con recursos limitados. Recuerde que el equipo de la defensa suele ser pequeño en comparación con el equipo de la fiscalía.

El Cliente

Todos estamos aquí para el cliente (el acusado). Quiero que quede claro que en casos penales el cliente tiene el poder para tomar solo las siguientes decisiones:

- ¿Iré a juicio o aceptaré una declaración de culpabilidad?

- Si voy a juicio, ¿testificaré?

- ¿Aceptaré la representación de este abogado o me representaré a mí mismo?

- ¿Puedo usar la defensa "trastorno mental"?

El cliente puede seguir el consejo de su abogado en todas estas preguntas, aunque las decisiones finales sean del cliente. Una vez que tenga un abogado que lo represente, todas las demás decisiones pertenecen al abogado, incluida la defensa y las estrategias que se utilizarán en la sala del tribunal.

Sé por mi experiencia que antes de que una persona sea acusada de un delito han sucedido muchas cosas terribles. Ha pasado por un arresto, interrogatorio, pérdida de libertad, comprensión de que su vida ha cambiado drásticamente. El estrés al que está sometido y su reacción al estrés lo sabe solo el mismo cliente. Cuando el cliente se encuentra con un especialista en mitigación como yo, lo bueno es que el abogado está preparando una investigación de mitigación.

Se dice "solo la verdad te hará libre, pero primero te hará daño". Digo esto porque el cliente tendrá que compartir la historia de su vida con el abogado y conectar con aquellos que pueden contar otras partes de su historia. En algunos casos las consecuencias tendrán éxito, pero en otros todo quedará **debajo de lo esperado**. De ser así, los miembros del equipo tendrán que tomar el relevo para seguir investigando tras la vida del cliente y demostrarle que no está solo, y animarle cuando no recuerda todo, actuando a través de otras personas para llenar los vacíos.

Algunas personas tienen más conciencia de sí mismas que otras y pueden compartir mejor dónde se encuentran en su vida. Cuanto más el cliente confíe en los miembros de su equipo, como su especialista en mitigación, más dirá. Cuanto más comparta, mejor le conocerán. Cuanto más le conozcan, mejor podrán defenderle conectando los jueces o jurados con su historia. Cuanto más al cliente comprenda su función, más podrá ayudar al equipo de defensa. La vulnerabilidad requiere coraje. Cuando el cliente es amable consigo mismo, será amable con su equipo de defensa.

Aunque el cliente se declara culpable asumiéndose la responsabilidad de lo que se le acusa hay que presentar pruebas atenuantes a los jueces o jurados. En cambio, si el cliente se declara inocente, tendrá que ayudar con la investigación de mitigación para evitar que lo declaren culpable. Esto no es fácil de comprender. Esto no es un trabajo fácil.

En el transcurso de múltiples entrevistas, el equipo construirá una cronología sobre la vida del cliente, incluidos los nombres de las personas que lo influenciaron, para bien o para mal. Si el cliente no puede hacer una fianza y debe permanecer en la cárcel, su comportamiento es importante. Con suerte, hará todo lo posible para evitar las redacciones. Si está en la cárcel, el especialista en mitigación y otros miembros del equipo lo visitarán con regularidad. Si no tiene fianza, es muy importante cumplir con las citas y estar disponible durante la etapa de investigación.

Otros Testigos de Mitigación

El testigo de mitigación cumple una variedad de funciones importantes para beneficio del caso y del cliente. Los testigos de mitigación a veces recuerdan cosas que el cliente no recuerda o recuerdan detalles de una situación fuera del control del cliente. Son "testigos" de la vida del acusado de una forma u otra. Necesitamos testigos para completar las piezas del rompecabezas. El equipo no conoce tanto al cliente como los testigos, ellos son los verdaderos expertos de la vida del cliente.

Podrían ser familiares, amigos, maestros de escuela, los vecinos de al lado de la madre durante diez años, el compañero de trabajo en el último trabajo del cliente, el compañero de celda del cliente por un período de tiempo, la hermana, el exmarido, los hijos. También necesitamos escuchar sus historias. Estas historias son importantes porque influyen en la vida del cliente. No podemos contar la historia completa del cliente sin estos testigos.

La contribución de un testigo de mitigación puede ser un par de entrevistas, una declaración jurada, una carta o, a veces, un testimonio bajo juramento. Como testigo de mitigación, usted es parte de una comunidad de personas que conocen al acusado, no solo por su crimen, sino por lo que es como persona. Al principio, puede ser difícil para algunos testigos reconstruir el crimen con lo que saben sobre la persona acusada. Es posible que quieran creer que ha habido un error y que su amigo es realmente inocente, o pueden estar confundidos porque conocían tanto al acusado como a la víctima. Es posible que quieran saber si el acusado es culpable antes de siquiera hablar con el equipo de defensa. Si este es usted, no es su trabajo en este momento decidir la culpabilidad o la inocencia. No está tratando de ayudar a nadie a salirse con la suya. Lo que se supone que debe hacer es ayudar a lograr un resultado justo al compartir lo que sabe para que el cliente sea entendido.

Si alguna vez se preocupó por la persona acusada, o ella se preocupó por usted, en este momento, es cuando más te necesitan. Es posible que ni siquiera se dé cuenta de que sabe algo importante. Puede haber una lucha interna al compartir historias o características negativas sobre personas que conoce, pero el equipo de defensa debe saberlo todo. No hay información buena o mala, es solo información. El hecho de que proporcione información no significa necesariamente que testificará. Las personas tienen la oportunidad de influir en un caso o en la vida de una persona, pero no todos aprovecharán esta oportunidad.

Depende del recorrido personal de cada persona. Tengo la esperanza de que, al leer este libro, podamos dejar fuera de la ecuación el castigo despiadado de "todo o nada" y trabajar juntos por la justicia.

Defendiendo a la persona: Jordan
(todos los nombres y los detalles de la historia son ficticios)

El caso de Jordan podría haber parecido corto y seco para un forastero. Había matado a varias personas en un momento de miedo y el fiscal iba a pedir la pena de muerte. Fue uno de esos casos raros que fueron a juicio. En ese momento, comprendí la historia de su vida. Rogué que el jurado sintiera la historia de su vida como yo. El padrastro de Jordan, Dean, dijo que estaba dispuesto a ayudar desde el principio. A veces, la gente no sabe lo que eso significa realmente. Puede ser fácil de decir y difícil de hacer, y así fue en el caso de Jordan. A lo largo del caso, gané mucha confianza tanto con Jordan como con Dean. Jordan decía cosas como: "A veces tenía que ponerse duro conmigo, así que yo lo entendía". La gente alrededor de Jordan no se dio cuenta de que Dean era abusivo. Tomó mucho tiempo lograr que todos hablaran sobre lo que estaba sucediendo. Le hablé a Dean de mi padrastro alcohólico y finalmente Dean se sinceró sobre su propia infancia. Su padre le pegaba regularmente a su madre. Dean hizo lo mismo con la madre de Jordan y también con Jordan. Ese tipo de trauma es un factor atenuante porque puede dañar la capacidad de alguien para procesar amenazas.

Jordan fue declarado culpable por un jurado, y ese mismo jurado tuvo que decidir si el castigo sería cadena perpetua o muerte. Doce testigos mitigantes estaban preparados para testificar, pero sabía que para que Jordan tuviera una oportunidad con el jurado, Dean tendría que subir al estrado. Hasta entonces, Dean minimizó su comportamiento abusivo. Eso es natural, pero la verdad tenía que salir del propio Dean. Le dije a Dean que podía ser un héroe. Esperaba que saliera una vez que estuviera en el estrado, y lo hizo. Dean testificó que golpeaba a la madre de Jordan porque si ella se quedaba, eso significaba que lo amaba. Dean testificó incluso que golpeaba a sus hijos en borracheras, incluido Jordan. Expresó culpa y pesar en el estrado. El jurado comprendió el trauma que experimentó Jordan. Dean fue un héroe ese día.

Cada caso es diferente, pero cada uno necesita confianza e integridad. Todos los casos comienzan con la necesidad de una buena relación entre las personas involucradas. Las relaciones positivas construidas entre profesionales y no profesionales pueden superar las barreras de comunicación y generar confianza. Sin confianza establecida habrá falta de comunicación. Si las personas no se sienten escuchadas o creen que no pueden hacer preguntas, la confianza se verá afectada. Sin integridad, no se puede tener confianza. Sin integridad, nada funciona. Esto es cierto en todos los casos porque es un ideal general. La forma en que se desarrollan estos factores es diferente en cada caso.

CAPÍTULO 4: CADA CASO ES ÚNICO

¿Por qué cada caso es único? Por la gente y por la jurisdicción. No hay dos personas iguales, eso es lo que nos hace humanos. Lo mismo ocurre con las jurisdicciones. No hay dos casos que tengan los mismos hechos, informes policiales, testigos, circunstancias, juez, fiscal o jurados. La conexión de estas personas con cada caso nunca volverá a ser la misma. La singularidad de los casos individuales es profunda porque generar confianza con alguien es especial para cada persona. Lo mismo pasa con cada relación romántica que experimentamos, incluso con cada relación que un padre tiene con cada hijo.

No es ningún secreto que el sistema de justicia penal se divide en ricos y pobres. La desigualdad más obvia es quién puede pagar un abogado. Si un abogado es contratado y pagado por el acusado o la familia, ese es un caso privado. Si la financiación debe provenir de la corte, se nombra un abogado. Los abogados designados por el tribunal tienen una mala reputación porque su carga de casos es extraordinariamente abrumadora. Las oficinas de los defensores públicos carecen de fondos suficientes y nunca hay suficientes recursos ni tiempo. Los abogados designados por el tribunal son otra víctima del sistema, pero las víctimas finales son los acusados que viven en la crisis de la pobreza.

Defendiendo a la persona: Kelly
(todos los nombres y los detalles de la historia son ficticios)

Fui designada para el caso de Kelly en 2015, dos años después del presunto delito, un delito capital. Cuando conocí a Kelly, creo que era la primera vez que había visto a sus abogados designados por la corte en seis meses. No es que los abogados no estuvieran trabajando en su nombre, pero desde su punto de vista, Kelly era difícil. Estaban haciendo todo lo posible con los desafíos que presentaba su caso, pero Kelly no estaba contenta con como iba su caso. Pude ver cómo se sentía Kelly, y pude ver cómo los abogados tenían la capacidad de ayudar a Kelly. Habían intentado que Kelly aceptara un acuerdo con la fiscalía, pero ella no lo aceptó, por lo que dejaron de intentarlo. Kelly se sintió abandonada. Fue un caso clásico de desconfianza. El caso iba a ser juzgado y sabía que había más en esta situación de lo que se veía a simple vista, pero primero, el equipo tenía que restablecer la confianza entre todos los miembros de la comunidad en torno a este caso: la familia, los amigos, los abogados y Kelly. Yo sabía que no sucedería de la noche a la mañana.

Entonces, comencé simplemente escuchando. Escuchar con empatía era la única forma de mantener abierto un espacio de confianza mientras trabajaba en la investigación. Todo lo que podía hacer era seguir construyendo puentes entre Kelly, los abogados y su familia. Mi trabajo final fue descubrir la verdad detrás de por qué Kelly era como era, y para hacer eso, tuve que restaurar la integridad en todas las interacciones del equipo. Ayudé a Kelly a obtener las respuestas que ella y la familia necesitaban. Llevé a su madre a la cárcel y esperé 40 minutos mientras visitaba a su hija y luego la llevaba de regreso a casa. Pasé meses trabajando en estrecho contacto con la familia de Kelly. Desarrollé una relación. Kelly compartió su historia lentamente. Esto me llevó a encontrar personas que pudieran testificar sobre su vida.

Me di cuenta de que Kelly era una de las personas más traumatizadas con las que había trabajado. No podía confiar en nadie. Los abogados simplemente no tuvieron tiempo para concentrarse en este aspecto humano.

Dependía de mí encontrar pruebas contundentes. Había sufrido múltiples traumas cuando era niña y la investigación de mitigación arrojó registros. Encontré testigos que podían testificar ante una serie de sucesos traumáticos en diferentes capítulos de su vida. Los abogados continuaron trabajando con los otros investigadores y, finalmente, el fiscal se dio cuenta de que la investigación policial no era sólida. La evidencia atenuante fue la guinda del pastel. Los abogados eran abogados defensores de capital con experiencia y, en última instancia, consiguieron un trato que Kelly podía aceptar. Kelly nunca dejó de cuestionar todo y abogar por su caso. No superó mágicamente el trauma que había sufrido, pero con el arduo trabajo que pusimos todos, los miembros de su equipo pudieron conectarse entre sí. La confianza lo fue todo en el caso de Kelly.

Para un especialista en mitigación, la única diferencia entre los casos privados y los designados por el tribunal es quién financia la investigación de mitigación, ósea el cliente o el tribunal. Algunos equipos tendrán recursos ilimitados disponibles, otros no. En cualquier escenario, los recursos para pagar al equipo de defensa criminal pueden ser limitados. En un caso designado, el tribunal establecerá un presupuesto preautorizado, pagado por los contribuyentes, y las finanzas del tribunal pueden variar tanto como en los casos privados. Las presiones presupuestarias y la voluntad de asignar fondos para los equipos de defensa son diferentes entre un distrito y otro. En algunas jurisdicciones, los jueces aún están aprendiendo sobre mitigación y el equipo de defensa tendrá que justificar el costo para ellos. En muchos casos designados, los recursos asignados al equipo de defensa no son adecuados. Este es un buen motivo para que los abogados proporcionen este libro a los jueces: el hecho de que los jueces entiendan más sobre la mitigación puede ayudarles en sus casos.

En los casos designados, recomiendo encarecidamente que todos los abogados soliciten fondos de forma automática e inmediata para un especialista en mitigación al inicio de un caso. No se puede aprobar si nunca se solicita. Incluso cuando se designa a un especialista en mitigación para el caso, es importante solicitar una financiación realista al principio. Si, más adelante en el caso, el especialista en mitigación necesita más horas, el abogado debe regresar al juez para solicitar más fondos. Incluso si se niegan los fondos, el abogado ha hecho bien en llamar la atención del tribunal sobre la mitigación. Escribir una moción que es denegada demuestra que es el sistema, no el abogado, el que se interpone en el camino de la representación adecuada del acusado. La denegación también puede resultar una base para una apelación posterior si es necesario.

Entonces, ¿cuántas horas debe solicitar el abogado para una investigación de mitigación? En la mayoría de los casos de delitos graves, en mi opinión tendrían que ser 100 horas. Sin embargo, a casos de delitos graves se les asigna en media un presupuesto de solo 25 o 30 horas. En mi experiencia, un presupuesto típico para un caso de delito grave es de entre $ 600 y $ 2000 por la investigación. Sé por mi trabajo que una investigación de mitigación implica muchas horas de trabajo de campo: entrevistas, recuperación de registros, investigación minuciosa y seguimiento. En un caso privado con recursos limitados, o especialmente en un caso designado donde el tribunal no ha asignado fondos suficientes, el especialista en mitigación tendrá que hacer lo que pueda con lo que tiene. La mitigación en todos los casos de delitos graves es la trayectoria actual del campo.

Desde 2011, la mayoría de mis casos han sido designados por tribunales. Cuando más personas comprendan la mitigación, más casos privados incluirán especialistas en mitigación. La mayoría de los especialistas en mitigación que conozco consideran que el estándar de la industria en casos de pena de muerte es de 850 horas. En la mayoría de los casos de homicidio capital, trabajo 400 horas en los primeros 6-8 meses. En los casos capitales que van a juicio, el número de horas puede llegar hasta 1.000.

La pena de muerte no siempre ha sido ley en Estados Unidos. Hubo un período entre los años sesenta y setenta en el que no se llevaron a cabo ejecuciones. Al momento de escribir este artículo, en 2020, la pena de muerte existe en 28 estados. Muchos de esos estados no han ejecutado a un prisionero en los últimos años, pero otros estados continúan llevando a cabo ejecuciones. Mientras la pena de muerte sea parte del sistema, la mitigación es fundamental.

"La muerte es diferente", así se dice en el trabajo de capital. Los jueces son muy conscientes de la diferencia. Los fiscales persiguen tanto un veredicto de culpabilidad como una sentencia de muerte. La defensa debe estar completamente preparada para una audiencia de la fase de castigo donde existe la posibilidad de una sentencia de muerte. Durante la selección del jurado para un caso de pena de muerte, los posibles miembros del jurado deben declarar en el expediente que pueden imponer una sentencia de muerte. Dado que no hay vuelta atrás después de una ejecución, todo está en manos de ambos lados en un caso de pena de muerte antes de la sentencia. La mitigación en estos casos es intensa y costosa.

Las pautas de la American Bar Association (ABA) hacen que la mitigación sea obligatoria en los casos de pena de muerte. En Texas, los abogados defensores de la pena capital deben alcanzar un cierto nivel de estándar profesional para ser asignados a estos casos. Los abogados que están calificados para representar a acusados de pena capital tienen muchos años de experiencia en juicios y solicitan estar en una lista para ser nombrados para un caso capital. Cada condado o estado tiene su propio proceso de investigación para calificar a un abogado para trabajar en este tipo de casos.

En un caso de asesinato capital, se designa un equipo desde el principio: dos abogados, un especialista en mitigación y un investigador. El tribunal también asignará fondos para el testimonio de expertos para educar al tribunal sobre una variedad de temas. Estos expertos no son defensores, son profesores. Enseñan a la corte sobre su experiencia. El especialista en mitigación y el investigador trabajan el caso simultáneamente. La mitigación debe ser mucho más profunda en casos capitales. Estos casos son compromisos a largo plazo, ya que podría llevar hasta cinco años ir a juicio u obtener una oferta de declaración de culpabilidad.

Defendiendo a la persona: Kevin
(todos los nombres y los detalles de la historia son ficticios)

Kevin asumió su responsabilidad en su caso desde el principio. Fue acusado de homicidio capital. Nunca he conocido a un hombre tan arrepentido. Era mecánico, padre, hermano, hijo y ayudante. Si pudiera ayudarle, lo haría. Si pudiera hacerle sonreír, lo haría. En las entrevistas, quedó claro que hubo algunos eventos dolorosos en su vida de los que no quería hablar. Los eventos fueron tan traumáticos que no pudo hablar de ellos o incluso hacer que su familia pasara por más traumas yendo a un juicio donde podrían ser revelados. Kevin estaba arrepentido y dispuesto a declararse culpable, pero el fiscal no lo declaró culpable durante casi dos años. Al comienzo del caso, nadie entendía a Kevin, lo que vivió cuando era niño o como su cerebro había sido dañado por un trauma.

Poco a poco, después de generar confianza, descubrí que el tío de Kevin había abusado sexualmente de él y de sus hermanos. No se habló del incesto. Descubrí que muchos hombres de su familia habían sido abusados sexualmente por sus mayores. Las palabras no pueden describir el dolor que sentí al aprender y guardar este secreto. No pudimos ir a juicio con esto porque el dolor era demasiado para todos. Sentí que tenía que haber algo más. Me sentí desgarrada. El fiscal siguió presionando a favor de la pena de muerte sin ofrecer una declaración de culpabilidad. Quería proteger la privacidad de Kevin y su familia. Si querían que el incesto permaneciera en privado, tenía que honrarlo. Yo necesitaba seguir buscando otros factores atenuantes.

Durante las siguientes semanas y meses, encontré registros de lesiones en la cabeza. Las entrevistas y los registros arrojaron evidencia que apuntaba a un trauma cerebral. La evaluación del experto llevó a los abogados a pedirle al juez que aprobara dinero para un escáner cerebral. Los escáneres cerebrales son costosos y estas solicitudes a menudo se rechazan, pero como Kevin enfrentaba la pena de muerte, el juez lo aprobó.

El escáner cerebral mostró evidencia de múltiples lesiones cerebrales. Los abogados defensores vieron de primera mano lo importante que es una investigación de mitigación profunda. Se necesitó mucha confianza para llegar a la verdad, y estuvimos cerca de no tener nada con qué trabajar. Los abogados presentaron los escáneres cerebrales al fiscal y el fiscal sabía que se trataba de una prueba convincente. El fiscal vio que las radiografías cerebrales eran una forma posible de que el jurado diera cadena perpetua y no pena de muerte. El caso se resolvió de la manera que Kevin quería, mediante una declaración de culpabilidad. No tuvo que ir a juicio y hablar sobre el incesto. Su familia se libró de la terrible experiencia de hablar de ello. La clave en el caso de Kevin fue el factor de tiempo necesario para entablar relaciones y encontrar pruebas.

Aunque cada caso es diferente, puede haber algunos hilos en común. Como especialista con experiencia, he aprendido qué buscar y preguntar es muy importante. Y he aprendido por dónde empezar, aunque no sé en qué dirección me llevará la historia. Eso depende de los individuos. Escucho con el corazón. El proceso de mitigación es diferente en cada caso: privado, designado por un tribunal, delito mayor o pena de muerte. Ya sea que vaya a juicio o resulte en una declaración de culpabilidad antes del juicio, comprender el proceso de investigación de mitigación ayudará al equipo de defensa, a la comunidad que rodea el caso y, finalmente, a los responsables de la toma de decisiones, a llevar cada caso a una conclusión pacífica.

Capítulo 5: El proceso de mitigación

Cada investigación de mitigación es un caso aparte, pero cada investigación quiere contestar a la pregunta más difícil sobre cualquier delito: ¿Por qué? La investigación del "por qué" puede tardar meses en descubrirse, por lo que es crucial involucrar a un especialista en mitigación tan pronto como se contrate/nombre al abogado. A veces, la primera etapa de la investigación de mitigación se lleva a cabo durante un largo período de tiempo, incluso antes de que comiencen las otras fases. En otros casos, se desarrolla a medida que avanzan las otras fases. En general, las etapas comprenden recopilación de información y preparación al juicio. En cualquier fase del proceso el abogado puede solicitar documentos e informes para la presentación de mitigación. A veces, ese es el final del trabajo del especialista en mitigación, pero más a menudo, el especialista en mitigación está involucrado hasta que se resuelve el caso.

Recopilación de información

La investigación de mitigación comienza con una larga fase de recopilación de información. Hay diferentes enfoques, pero cada caso comienza de manera similar: el abogado presenta el equipo de defensa (incluso el Especialista en Mitigación) al cliente y/o a la familia, y el especialista en mitigación solicita registros y establece una relación con los clientes y los testigos.

El especialista en mitigación se reúne con el cliente individualmente varias veces. Cuando se contrata por primera vez, la mayoría de los especialistas en mitigación saben poco sobre el cliente. La primera visita es para escuchar al cliente y obtener un comunicado firmado para comenzar a solicitar registros. Las entrevistas de mitigación pueden durar de dos a tres horas. Cada entrevista revelará un poco más. La mayoría de las personas, no solo el cliente, necesitan múltiples entrevistas para revelar información. La investigación de mitigación es como un juego donde hay que conectar puntos, pero los puntos no aparecen todos a la vez.

El cliente comparte los nombres de las personas que mejor lo conoce. Esas personas conocerán a otras personas que también podrían ayudar. El especialista en mitigación solicitará registros de escuelas, hospitales, prisiones y cárcel, así como registros disciplinarios, médicos, militares y de tribunales civiles, cualquier cosa que ayude a armar el rompecabezas. Los registros harán emerger otras personas que pueden brindar información sobre la vida del cliente: una enfermera, un colega de trabajo, un maestro de escuela, un oficial de libertad condicional, un hermano o un amigo. El especialista en mitigación recopila sus historias a través de una serie de entrevistas y, junto con la información capturado en los registros y otras fuentes, reconstruye la historia de la vida del cliente.

No sé cuántas veces me han preguntado "¿Cuál será el resultado del caso?" Entiendo que la gente es ansiosa y busca certezas y que su vida o la de alguien querido está en juego, pero en realidad no sé como resultará ningún caso. A veces, las personas no quieren ayudar a alguien que creen ser culpable, así que me preguntan por su inocencia o culpabilidad. Pero esa información queda entre abogado y cliente y, a menos que tenga permiso del cliente, no puedo contestar. Yo, simplemente, trabajo en el caso para asegurarme de que el abogado pueda contar la historia del cliente y tenga acceso a toda la información que necesita para defenderle adecuadamente. Entonces, a lo largo de las varias etapas, recuerdo a todos que toda gira en torno al cliente y a su caso.

Puede parecer que no se avance en esta primera etapa, en realidad se está construyendo algo absolutamente crucial: la confianza. El especialista en mitigación aprenderá mucho sobre el cliente aprendiendo sus circunstancias de vida y los lugares donde solicitar registros. Para la persona ajena a este negocio, estas entrevistas pueden parecer conversaciones más que entrevistas formales. En efecto, nadie revela información hasta que se siente seguro. Pues cada testigo es un individuo con su propia vida y lo normal es que el especialista en mitigación se reúna con cada testigo más de una vez para ganarse su confianza. Y a veces simplemente sentarse con un testigo es la mejor manera de obtener información, escuchar es la mejor forma de entrevista, es como si fuese una medicina terapéutica. Puede que eventos importantes ocurriesen hace años, como la aparición de una enfermedad mental o un trauma, y puede que la persona los haya bloqueado. Esta información valiosa saldrá solo con tiempo, paciencia y, por supuesto, confianza.

Pero no todo el mundo puede pasar mucho tiempo sentado para que le hagan una entrevista. Una conversación puede tener lugar en una sala de descanso en el trabajo o en casa mientras se lava la ropa o en un automóvil mientras se viaja juntos. Además, conocer a una persona en su entorno natural es importante para entender su situación emocional. A veces, las personas no recuerdan los detalles al principio, pero cuando personas de la misma familia o comunidad cuentan sus historias, emergen puntos en común y el especialista en mitigación buscará esos hilos comunes, siempre presentes, que aparecen entre entrevistas y registros. No todo el mundo dice exactamente lo mismo, pero la mayoría de las veces existe un fuerte tema de mitigación, como por ejemplo los signos y síntomas de una enfermedad mental. Si una persona es testigo de algo, es probable que haya otra persona que dé información con síntomas similares. Puede que no cuenten la historia de la misma manera, pero hilvanar sus versiones ayuda a que emerja la verdad.

Defendiendo a la persona: Alvin
(todos los nombres y los detalles de la historia son ficticios)

El caso de Alvin fue difícil. Parecía ser un chico normal, pero su vida había estado plagada de "mal" comportamiento. Desde los 14 años, había sido arrestado varias veces. Algunos decían que era un niño malo y luego un hombre malo, pero había mucho más en la historia de Alvin. Se necesita compasión y mucho trabajo para buscar la verdad de una persona como Alvin. El fiscal solicitó la pena de muerte sabiendo que su coeficiente intelectual era 80, o sea por encima de la puntuación necesaria para la exención de ejecución por discapacidad intelectual.

Al principio, no era obvio que Alvin tuviera lesiones cerebrales o incluso problemas intelectuales limítrofes. Alvin era el amo de su vida, un superviviente. Comparado con sus hermano, prosperaba.

Pero cuando comencé a profundizar en los registros, encontré evidencia de múltiples factores atenuantes. Alvin me contó que cuando tenía 14 años le golpearon la cabeza contra una pared en un centro de detención de menores. Tuve que solicitar registros varias veces para encontrar documentación del incidente, pero al final lo encontré. Todos los antecedentes juveniles, difíciles de conseguir porque muy antiguos, tomados en su conjunto empezaron a indicar hacia una dirección. En efecto, encontré más registros de comportamientos que apuntaban a una lesión cerebral. Alvin estaba acostumbrado a ocultar su discapacidad siendo amante de la diversión y conectándose con personas a nivel emocional, especialmente mujeres, y había desarrollado habilidades para sobrevivir a sus déficits, pero Alvin padecía de lesiones cerebrales.

Nos acercábamos al juicio y necesitábamos pruebas. La mejor forma de conseguirlo era un escáner cerebral. Basado en los registros que habíamos reunido, el abogado solicitó el escáner cerebral y el juez lo concedió.

La exploración encontró 17 lesiones cerebrales. El

cerebro de Alvin estaba tan dañado que el informe decía que sufriría demencia relacionada con las lesiones en menos de diez años. Los escáneres cerebrales convencieron al fiscal de que se declarara culpable antes de que el caso fuera a juicio. Creo que los fiscales entendieron que, incluso si un jurado le diera la pena de muerte, Alvin no estaría lo suficientemente sano como para ejecutarlo, por lo que ofreció una declaración que Alvin podría aceptar. La investigación de mitigación miró debajo de la superficie y reveló la verdad.

En algún momento, todos los puntos están en la página y las líneas entre los puntos comenzarán a aparecer. Aparecerá una imagen. El especialista en mitigación ha acumulado archivos de registros, notas de entrevistas con testigos e información del cliente. Ahora tiene que organizarse. El especialista en mitigación utilizará su conocimiento y experiencia profesional para organizar la información en temas universales, formas en las que se puede contar la historia de la mitigación.

Ofertas de súplica

Es importante discutir como la mitigación puede marcar la diferencia tanto en los acuerdos de declaración de culpabilidad cómo en el castigo. Un equipo de fútbol se prepara para todo un partido, no llega al entretiempo y piden tiempo libre para practicar durante el resto del juego. De manera similar, un abogado defensor utiliza la investigación de mitigación para prepararse para las potenciales negociaciones de declaración de culpabilidad con la fiscalía. El abogado asesorará al acusado sobre la decisión más importante del caso: si se declara culpable o inocente. El cliente sabe lo suficiente sobre la acusación como para tomar una decisión. Después del trabajo del investigador el abogado intuye la fuerza que tiene su defensa. Antes de que se presente una declaración de culpabilidad, los abogados pueden negociar una sentencia reducida a cambio de una declaración de culpabilidad.

La mayoría de las veces es la fiscalía quien ofrece un acuerdo antes de que la defensa lo busque.

Los abogados defensores pueden rechazar la primera oferta y proporcionar pruebas, incluida la mitigación, para pedir que se ofrezca una sentencia menor. En efecto, en algunos casos, la fase de negociación de la declaración de culpabilidad incluye algunas contrataciones de ida y vuelta. Y la investigación de mitigación puede revelar hechos e información que influyan en el acuerdo de culpabilidad.

La defensa puede compartir lo que podría presentar en el juicio para disuadir al fiscal de ir a juicio. Tenga en cuenta que el fiscal tiene que cumplir su deber y quiere hacer un buen trabajo. En las negociaciones de declaración de culpabilidad es importante que el fiscal sienta que está haciendo un buen trabajo. Y no pasa nada si el fiscal se quiere sentir un héroe. De hecho, si hace una oferta justa, el fiscal es un héroe. No todos los fiscales son malas personas o enemigos. Ellos también son humanos y la mitigación les brinda la oportunidad de aprovechar su propia humanidad. Los fiscales son los responsables de la justicia restaurativa. Cuando la defensa acepta la oferta del fiscal de una opción de castigo específica (por ejemplo, libertad condicional o un cierto número de años de prisión) se cierra el acuerdo de culpabilidad y se presenta al tribunal. Si la fiscalía no ofrece un acuerdo o si la defensa no acepta ninguna oferta el caso irá a juicio y se fijará una fecha para el juicio.

Defendiendo a la persona: Sonny
(todos los nombres y los detalles de la historia son ficticios)

Sonny tenía 20 años cuando fue arrestado por robo agravado. En Texas, el rango de castigo por robo es de 5 a 99 años. Esta amplia gama le da al fiscal muchas opciones para los cargos y recomendaciones de sentencia. En el caso de Sonny, el fiscal iba a imponer cargo y castigo máximo. Las negociaciones de la declaración de culpabilidad se estancaron. Me llevaron al caso y, al entrevistar a Sonny y su familia, pude ver que era redimible. Francamente había sido inmaduro y la defensa pensó que debería tener una segunda oportunidad pero teníamos que convencer al fiscal, quien, después de todo, no conocía a Sonny ni a las circunstancias de su vida como nosotros.

La investigación de mitigación reveló que Sonny había perdido a uno de sus padres cuando tenía ocho años. El padre superviviente microgestionó al niño y Sonny creció con muchas dudas sobre sí mismo. Estaba tratando de rehacer su vida, tenía una familia e incluso estaba en la universidad. Cada año, alrededor del aniversario de la muerte de su padre, surgían problemas de confianza y confusión. No fue una coincidencia que el crimen ocurriera en ese momento. Elaboramos un paquete de mitigación explicando su historia familiar y destacando todas las cosas buenas que estaban sucediendo en la vida de Sonny. Sin excusas, solo una forma de demostrar que había esperanza para él. El fiscal rebajó el cargo y ofreció una declaración de culpabilidad.

Juicio

El proceso de mitigación es el mismo si un caso resulta en un acuerdo de culpabilidad o va a juicio. En ambas situaciones se presenta la información más convincente que se encuentre. La mitigación beneficia el proceso del juicio porque ayuda al abogado a comprender mejor el ser humano que representa. En el juicio, la mitigación le da al abogado herramientas para conectar a los miembros del jurado con la vida del cliente. En el juicio, hay dos fases principales:

(1) la fase de culpabilidad/inocencia y, si el veredicto es culpable, (2) la fase de castigo. El equipo de defensa debe prepararse para la fase de castigo en cada juicio, pero eso no significa que se esperen un veredicto de culpabilidad. Simplemente se preparan a una defensa adecuada. Como nos enseña el fútbol o el baloncesto, la defensa gana partidos. La representación efectiva del cliente incluye la preparación para la fase de castigo, pase lo que pase.

La narración puede conectar a extraños. Piense en cuando va al cine, a medida que se desarrolla la historia, se siente atraído por un personaje y la historia del personaje cobra vida en el espectador. El juicio es donde la mitigación cobra vida. En lugar de desplegarse en la pantalla y a través de la acción, los testigos y los abogados cuentan la historia con sus palabras. Los abogados y testigos en el estrado están dialogando. De alguna manera, el juez y el jurado son los espectadores. Al igual que usted trae sus propias experiencias y preferencias al cine, el juez y el jurado llevan las suyas a la sala del tribunal.

La fiscalía construye su historia en la fase de culpabilidad/inocencia y la responsabilidad de probar esa historia, más allá de toda duda razonable, recae en el fiscal. El acusado no tiene que probar nada. El fiscal o prueba la historia más allá de toda duda razonable o no la prueba. El acusado ni siquiera necesita testificar ni presentar ninguna prueba. El acusado puede testificar si lo desea, pero la responsabilidad siempre recae en el fiscal para probar el caso más allá de toda duda razonable. El juez explica esto al jurado de forma directa y clara.

La mitigación no es como un juicio a este respecto. La mayor parte de la evidencia de mitigación se aplica a las decisiones de castigo. Cuando el equipo de la defensa se involucra en la mitigación, está contando la historia de la vida del cliente, ya sea con el propósito de negociar una disposición o una declaración de culpabilidad o para una presentación de sentencia para obtener la sentencia más baja posible. Eso requiere presentar la poderosa verdad de la historia del acusado, junto con la documentación y los testigos que respaldan los factores atenuantes.

El abogado decidirá qué información y qué historia presentará al jurado. Si un cliente es condenado, comienza la fase de castigo. También en esta fase los abogados defensores pueden llamar a los testigos al estrado y hacerles preguntas para recolectar la información de cada testigo. Aquí es donde los testigos tendrán la oportunidad de decir su verdad sobre el acusado y la vida del acusado. El fiscal también hará preguntas a cada testigo.

Durante la fase de castigo, la defensa puede presentar "pruebas": por ejemplo un árbol genealógico, fotografías, recuerdos sentimentales. Un testigo de mitigación debe hablar sobre estas pruebas, preparando las bases para su presentación. Una vez que se muestra esta evidencia, el jurado tiene que examinarla durante las deliberaciones.

Además de los testigos de mitigación, que conocen al acusado, el abogado también puede llamar al estrado a expertos para educar al tribunal. Los expertos testifican para que el jurado escuche lo que dice la investigación sobre las circunstancias atenuantes. Este testimonio pericial respalda lo que otros testigos atenuantes hayan dicho sobre las experiencias de vida del acusado. ¿Cómo cambia el cerebro de un niño al tener un padre adicto o al ser abusado por un vecino? ¿Cómo responde el cerebro en desarrollo a estas cosas? Solo un experto calificado puede brindar este tipo de información al jurado o al juez.

Un experto en psicología infantil puede marcar la diferencia en la mente de ciertos miembros del jurado. Una vez vi un juicio en el que la experta utilizó su investigación para dar credibilidad al caso de la defensa. El cliente había sido enviado a una prisión para adultos cuando era adolescente. Había registros que demostraban que lo habían enviado a una determinada instalación a los dieciséis años. El experto había publicado una investigación sobre como este tipo exacto de situación afecta a los jóvenes. Un guardia de la misma prisión, al mismo tiempo que se encontraba el adolescente, testificó sobre las condiciones. Cada uno de estos testigos era un experto a su manera, uno con publicaciones y títulos para respaldar sus credenciales y el otro con experiencias y recuerdos que le dieron una imagen al jurado. Al final del testimonio, pude ver que estos testigos habían ayudado efectivamente a los jurados a entender mejor el caso.

Los expertos profesionales o académicos cobran dinero por su tiempo y gastos, lo que significa que el abogado en un caso designado tiene que solicitar fondos al tribunal. El especialista en mitigación puede brindarle al abogado información y documentos para argumentar que se necesitan los expertos. Los expertos están ahí para explicar la ciencia detrás del "¿por qué?" de la investigación y la necesidad de mitigación. Están ahí para ayudar a comprender mejor. La financiación de los expertos está bien invertida cuando se trata de asegurarse de que se escuche toda la verdad.

En los últimos años, la mitigación ha contribuido a la disminución de penas de muerte en cambio de un aumento de sentencias de cadena perpetua sin libertad condicional, en los casos de asesinato capital.[10] La cadena perpetua sin libertad condicional y la muerte son las únicas opciones para los jurados en los casos de pena capital. La mitigación en los casos de pena de muerte puede ser cualquier cosa que inspire a un jurado a elegir la vida sobre la muerte para el cliente. Algunos ejemplos podrían ser lo que la familia del cliente compartió en el estrado, el testimonio del experto, la conducta en la cárcel, una variedad de temas de mitigación y el remordimiento.

Toda la empatía y la confianza generadas a lo largo del caso darán sus frutos en el juicio. Los testigos tanto de la acusación como de la defensa se presentarán debido a su apego a la justicia. El especialista en mitigación descubre los factores atenuantes conectando los puntos. La defensa, que sabe la verdad, necesita

---

10 Gohara, Miriam, Grace Notes: Un caso para hacer de la mitigación el corazón de las sentencias no capitales, 41 am. J. Crim. L.41 (2013)

contársela adecuadamente a los jurados o al juez, o sea a quienes toman las decisiones.

Capítulo 6: La evidencia de la mitigación

Los capítulos anteriores han presentado una visión general de una investigación de mitigación y como a través de esta se genera una sentencia justa. Compartí historias, con nombres y detalles cambiados para proteger la privacidad, para explicar cómo la mitigación no es un concepto y una práctica, si no afecta a personas desde varios puntos de vista. La mitigación es una forma de explorar la vida de las personas acusadas de un delito para que su defensa incluya quiénes son. Los responsables que toman decisiones deben saber esto para ofrecer una verdadera justicia.

Este capítulo se centrará en los detalles de los factores atenuantes. Cada uno de ustedes puede estar involucrado en un caso de una manera diferente. Comprender los detalles de los factores atenuantes y lo que buscan los especialistas cuando entrevistan al cliente, los miembros de la familia y los testigos ayudará al equipo de defensa. Para los abogados y los miembros profesionales del equipo, el conocimiento de estos temas precisos los ayudará con varias decisiones. Como especialista en mitigación, a menudo actúo como enlace entre los profesionales legales y los expertos calificados en salud mental. Como miembro del equipo que investiga la vida del cliente, soy la que se enfoca en descubrir evidencias atenuantes, y esas evidencias se refieren a menudo a la salud mental.

La salud mental, "la capacidad de una persona para funcionar bien en la vida diaria y en el trabajo"[11] es el factor atenuante más importante. La buena salud mental no daña a las personas. Una buena investigación de mitigación descubrirá todos los elementos en la vida de una persona que hayan influenciado su toma de decisiones. Los temas de mitigación relacionados con la salud

---

11 "Que es la salud del cerebro ", El centro para la salud del cerebro, Universidad de Texas en Dallas, obtenido de https://brainhealth.utdallas.edu/what-is-brain-health/

mental se centran en la capacidad de una persona para manejar el estrés emocional. Las personas sanas tienen energía y habilidades para afrontar la vida y las relaciones. Las personas con problemas mentales pueden dejar que los pensamientos destructivos se apoderen de sus acciones. Esa es la forma más simplista de explicar cuántos actos delictivos ocurren. El especialista en mitigación busca evidencia de problemas mentales en los registros, evaluaciones y entrevistas. Esta evidencia se incluirá en el paquete de mitigación para el abogado. Y claramente el especialista en mitigación presentará la mejor evidencia disponible.

La tragedia es que es común en tribunales encontrar trastornos de problemas de salud mental. La salud mental es una parte importante de la evidencia de mitigación porque afecta la culpabilidad o la culpa que una persona merece por no controlar sus acciones. Nuestro sistema de justicia tiene en cuenta la salud mental al decidir el castigo. Una persona no necesita tener una incapacidad mental extrema para que la información sobre la salud del cerebro sea un factor atenuante. Específicamente, el especialista en mitigación buscará descripciones e informes relacionados con:

- Enfermedad mental
- Trastornos de conducta
- Trauma
- Lesión cerebral traumática
- Discapacidad intelectual

Los especialistas en mitigación reconocen determinadas pistas para evaluar la salud mental del cliente en declaraciones y registros de testigos. A veces, la investigación de mitigación descubre un punto de inflexión en la vida del cliente. Puede representar, por ejemplo, el inicio de una enfermedad mental, un evento traumático o una lesión en la cabeza.

Enfermedad Mental y Trastornos del Comportamiento

Las personas no informan lo que les está sucediendo a ellos o a sus seres queridos mediante el manual diagnóstico y estadístico de los trastornos mentales de la Asociación Estadounidense de Psiquiatría. Usan términos que conocen para describir el comportamiento de la persona. Es probable que el especialista en mitigación escuche términos cotidianos como paranoia, miedo, ansiedad, arrebatos emocionales, altibajos extremos, confusión, cambios dramáticos en los hábitos de alimentación o sueño, aislamiento social. Las personas pueden usar términos como vago, loco, malhumorado, borracho, bipolar, salvaje, encendido, grosero, etc. Cuando el especialista en mitigación escucha estas palabras, es importante aclarar lo que quiere decir la persona.

El especialista en mitigación no es un psiquiatra ni un médico, pero puede reconocer señales de comportamiento que deben investigarse más adecuadamente. La evidencia de estos trastornos puede verse en informes de escuelas, registros médicos, testigos oculares de comportamiento, registros penitenciarios, etc. A veces, la investigación de mitigación arrojará un diagnóstico, pero a menudo, la persona nunca ha recibido un diagnóstico o lo ha recibido incorrecto. En este último caso se puede obtener una nueva evaluación experta que podría representar una nueva pieza del rompecabezas. Y a medida que el especialista en mitigación recopila información se descubre que hay mucho más detrás de lo que muestra un simple registro.

Trauma

El trauma cambia nuestro cerebro. Recordamos el trauma menos con palabras y más con nuestros sentimientos y nuestro cuerpo. La investigación de mitigación puede revelar evidencia de un trauma repetido o de un evento único. El especialista en mitigación debe considerar toda la vida del cliente. Los eventos traumáticos en la infancia pueden tener un impacto en los comportamientos mucho más tarde. El trauma puede ser continuo o puede ser uno o varios eventos. Los accidentes automovilísticos graves, los desastres naturales, las lesiones y el abuso son ejemplos de traumas que pueden afectar el cerebro.

Investigaciones recientes han demostrado que hay cambios físicos reales en el cerebro después de un trauma. Específicamente, estos cambios afectan la capacidad del cerebro para reaccionar ante el estrés posterior.[12] La investigación del escáner cerebral muestra que cuando recordamos un evento traumático, el lóbulo frontal se apaga y nos sentimos abrumados. El lóbulo frontal es la parte del cerebro que nos calma. Es la parte que racionaliza que el fuerte sonido de la explosión provino de un petardo, no de una pistola. Si el lóbulo frontal se ve afectado de forma permanente o temporal, se pierde la capacidad de calmarse a sí mismo. Esto hace que el estímulo desencadene reacciones que un cerebro sano puede filtrar.

La investigación de mitigación buscará evidencia de que ha ocurrido un trauma que ha impactado el cerebro de esta manera. No busca una excusa para el crimen, sino crear la imagen completa de una persona que fue dañada por un trauma que afecta su toma de decisiones. Muchos estudios han documentado que la exposición al trauma aumenta la posibilidad de arresto y encarcelamiento.[13] Los documentos, registros y relatos de testigos que detallan eventos traumáticos son evidencias importantes.

Daño Cerebral

El especialista en mitigación puede descubrir evidencia de una lesión física en el cerebro. Para presentar esto como prueba atenuante, es posible que el abogado defensor deba contratar a un neuropsicólogo para que realice una evaluación. Esta evaluación confirmará que el cerebro tiene efecto actual de la lesión, como un déficit en la velocidad y la (in) precisión del procesamiento cerebral o la memoria. La evaluación podría dar lugar a una posible solicitud de un escáner cerebral. En casos de eventos traumáticos, una lesión cerebral puede cambiar o influir en el comportamiento de una persona. Si existe documentación de

12 Bremner J. D. (2006). Estrés traumático: efectos en el cerebro. Diálogos en Neurociencia Clínica, 8 (4), 445–461.
13 Jäggi LJ, Mezuk B, Watkins DC, Jackson JS. La relación entre la historia del trauma, el arresto y el encarcelamiento entre los estadounidenses negros: hallazgos de la Encuesta Nacional de la Vida Estadounidense. Soc Ment Health. 2016; 6(3):187–206. doi:10.1177/2156869316641730

cuándo y cómo ocurrieron las lesiones cerebrales, es el trabajo del especialista en mitigación localizarla. Puede llevar tiempo y una investigación minuciosa para encontrar la evidencia sólida, pero se puede hacer con la financiación adecuada y, por supuesto, con la confianza.

Discapacidad Intelectual

Otro factor que puede descubrir una investigación de mitigación es la discapacidad intelectual. En muchos casos, la persona nunca ha tenido un diagnóstico formal, pero comienzan a surgir evidencias que sugieren que la persona tiene este tipo de déficit. Los testigos contarán historias de holgazanería, falta de higiene personal, trastornos emocionales en la escuela o el trabajo, abucheos a la gente, etc.

Todo esto puede indicar una deficiencia en las habilidades para la vida llamadas conductas adaptativas. Los comportamientos adaptativos son las habilidades que usamos para funcionar en nuestra vida cotidiana. Las personas pueden llegar a ser muy buenas para cubrir un déficit en los comportamientos adaptativos, al igual que las personas que no saben leer superan el problema y se adaptan. Las pistas de la falta de conductas adaptativas pueden ser sutiles. La discapacidad intelectual se trata de lo que la persona no puede hacer, no de lo que puede hacer. El especialista en mitigación busca información sobre problemas con las tareas diarias que la persona podría haber tenido desde la escuela primaria. Es entonces cuando los maestros pueden ser testigos útiles para la mitigación. Cuando esta evidencia comienza a salir a la luz, el investigador remite al acusado para una evaluación. La discapacidad intelectual se prueba mediante la evaluación de un experto. La ley quiere una puntuación de coeficiente intelectual (CI) y lo que se llama una "evaluación de conductas adaptativas".

Incluso si el cliente es mayor de edad, la prueba de discapacidad intelectual en un caso penal debe contener evidencia de antes de los 18 años. Por ejemplo, encontrar una etiqueta infantil de perturbación emocional (registros escolares) puede probar que el cliente tuvo un déficit de comportamiento adaptativo antes de los 18 años. También deben tener un coeficiente intelectual bajo y una prueba de déficit de conducta adaptativa.

Expertos

A veces, la investigación de mitigación arroja información que merece un examen más detenido por parte de profesionales en áreas específicas. El especialista en mitigación está al frente de la acumulación de esta información. Cuando se haya reunido suficiente evidencia, el abogado contrata a un experto en el tema específico. Este experto puede diagnosticar, describir y testificar sobre los factores en profundidad.

Al final la investigación sobre el misterio detrás de las acciones del cliente toma en consideración el proceso de desarrollo de la condición mental de esta persona cómo individuo. El especialista en mitigación, o el abogado, descifra la información y decide como usarla para obtener los mejores resultados para el cliente. Los trastornos de salud mental, las lesiones cerebrales y los traumas tienen un efecto profundo en la forma en que una persona se desenvuelve en la vida. Una persona con una enfermedad cerebral procesa el bien y el mal de manera diferente a una persona con un cerebro sano. Tener en cuenta la salud del cerebro, o la falta de ella, no es algo nuevo en el sistema judicial estadounidense. Todos estos son algunos de los factores atenuantes que el abogado puede presentar al tribunal al contar la historia del cliente.

Si la evidencia se les presenta de una manera que tenga sentido el jurado puede relacionarse con la humanidad del cliente. Los testigos, el cliente, los registros y los expertos son los puntos que el especialista en mitigación conectará para crear una imagen de las acciones del acusado, su salud mental y las circunstancias de su vida. El especialista en mitigación comparte la evidencia de los factores atenuantes al proporcionar a los abogados defensores un paquete de mitigación. Al igual que cada caso es diferente, también cada paquete de mitigación es diferente.

El siguiente capítulo describe algunos de los documentos que pueden incluirse en un paquete de mitigación. Todos los detalles sobre qué informes se incluyen en el paquete y en qué formato se presentan depende del abogado principal.

Capítulo 7: El paquete de la mitigación

Cuando la investigación de mitigación se concluye uno se da cuenta que se han unido todos los puntos y se ha generado una historia. El abogado principal decidirá, con la ayuda del equipo, qué se debe incluir en el paquete que confecciona el especialista en mitigación. Algunos abogados quieren todos los registros a su alcance, otros solo quieren las páginas importantes. El especialista en mitigación a menudo redacta un informe que resume los temas más importantes y las evidencias que lo respaldan. Pero lo que se incluye en el paquete puede cambiar a medida que se desarrolla el caso (a veces se añade una "narrativa" o un gráfico o una fase de castigo).

El abogado querrá presentar al jurado una historia coherente que humanice al cliente y genere entendimiento en torno al presunto delito. En general, el especialista en mitigación entrega al abogado diversas herramientas de mitigación para este propósito, a través de documentos e informes cuyo contenido, formato y cantidad diferirá de caso a caso.

Testigos y Registros

En la lista de testigos de mitigación se incluyen nombres, contactos, relación con el cliente y descripción de lo que pueden proporcionar. En la lista de los registros se enumeran los registros útiles para el caso, se describe si se han recibido o aún deben solicitarse, se incluye la fuente de los registros y los contactos de las personas de referencia para cada registro.

Cronología

La cronología evidencia, en orden de tiempo, el flujo de los eventos más importantes que ocurrieron en la vida del cliente. Este documento tiene una columna para cada entrada: fecha, datos, fuente de información, locación de la documentación. Puede incluir información como cumpleaños del cliente, cumpleaños de miembros de la familia, graduación, matrimonio, muerte de un familiar, lesiones en la cabeza, accidentes automovilísticos, eventos traumáticos o cualquier otra cosa que pueda afectar al cliente emocional o físicamente. Es una herramienta de referencia eficaz para que el abogado vea dónde encontrar la información que desee presentar en el juicio.

Resumen de Prueba

El resumen del juicio es la hoja de ruta del juicio (antes de que comience) y prepara el orden cronológico de testigos y pruebas para la fase de castigo. Es como si fuese el guion gráfico de una película y permite al abogado construir el caso para la mitigación, a través de una historia. Este resumen presenta una columna para cada tema: el nombre de los testigos, sus contactos, las respuestas a las preguntas que se les harán y las fechas de las entrevistas de los testigos.

Árbol Familiar

El árbol genealógico no se usa en todos los casos pero puede mostrar a los miembros del jurado con quién está relacionado el cliente. Representa otra herramienta más para humanizar al acusado. En el mejor de los casos, muestra al jurado los rostros de los seres queridos del cliente. Puede mostrar imágenes como fotos de la escuela o fotos de grupos familiares o incluso puede tener imágenes de las casas en las que creció el cliente. El árbol genealógico se puede codificar por colores para que sea de más fácil lectura para el jurado.

Narrativa

La narrativa de la vida del cliente es un relato escrito cómo una historia que conecta los eventos de la vida del acusado y ayuda al abogado a pintar una imagen de la vida del cliente para quienes toman las decisiones. La narrativa se basa en la verdad y debe contener solo hechos, no abarca conclusiones o grandes ideas sobre el estado de nuestra sociedad. El abogado elige cómo utilizar esta información para que jueces y jurado entiendan la verdadera historia del cliente. La narrativa puede llevarlos a la empatía.

Declaraciones Juradas

Las declaraciones juradas son declaraciones juradas escritas por una variedad de testigos. Le dan al abogado una idea de lo que dirían estos testigos si testificaran en la corte. A veces, estas declaraciones juradas se utilizan en la etapa de negociación de la declaración de culpabilidad y se pueden juntar en un paquete para presentarlo al juez o al fiscal. Las declaraciones juradas deben tener menos de dos páginas porque, seamos sinceros, los jueces y los fiscales son personas ocupadas y no es probable que lean declaraciones largas o confusas.

Cartas de carácter

Estas cartas son específicas para pedir misericordia al fiscal o al juez. Los testigos pueden obtener una guía de cartas de carácter y los especialistas en mitigación pueden iniciar una campaña de cartas de carácter. El abogado decidirá a quién mandarlas.

Registros

El especialista en mitigación proporcionará copias impresas de los registros, generalmente de una o dos páginas cada uno, que el abogado puede usar como evidencia para respaldar un tema de mitigación. Por ejemplo, si el abogado presenta testigos expertos sobre discapacidad intelectual, el especialista en mitigación proporcionará los resultados de la prueba en forma impresa o en un registro escolar que respalde los resultados de la prueba antes de que el cliente cumpliera los 18 años. Podría haber registros comerciales, informes escolares o registros médicos, por ejemplo.

Éstas son las "pruebas" que respalda los temas atenuantes. Esta evidencia sólida debe organizarse para que el abogado pueda encontrarla fácilmente.

Informe de Mitigación

Cada abogado tiene su preferencia sobre cómo recibir la información. Un buen informe de mitigación comienza con la historia de la vida del cliente en forma de párrafo. Luego se escribe la opinión profesional del especialista en mitigación o los resultados de la investigación de mitigación. Los mejores informes de mitigación destacan la evidencia atenuante más sólida, como el desarrollo infantil, la neurociencia, los problemas de crianza de los hijos, la pobreza y las circunstancias atenuantes en torno al delito. Deben incluir referencias sobre dónde se puede encontrar la documentación para estos temas, en qué registros o notas de entrevistas, fotografías o investigaciones. Luego concluyen con las recomendaciones de sentencia y los argumentos más sólidos para que el abogado considere presentarlos a los que toman las decisiones.

Al fin y al cabo, el especialista en mitigación es eso: un especialista. Los especialistas en mitigación son los expertos en lo que la evidencia señala como factores mitigantes, desarrollan temas y problemas, y organizan la información para el abogado brindando sus puntos de vista sobre cómo los testigos o las pruebas podrían respaldar los temas mitigantes.

Capítulo 8: Trabajando en nuestro sistema de justicia penal

El encarcelamiento masivo afecta a todos, al igual que el crimen afecta a todos. Para mí, el encarcelamiento masivo es en sí mismo un crimen. Es un crimen de lesa humanidad. Las condiciones actuales se crearon mucho antes de que naciéramos, y solucionarlas llevará tiempo.se han escrito muchos libros sobre el problema del encarcelamiento masivo y recomiendo a cualquier persona interesada en la reforma que aprenda más al respecto.

Tengo experiencia vivida sobre los efectos del encar- celamiento masivo como especialista profesional en mitigación y a través de las personas que conozco en prisión. La mayoría de mis clientes están cumpliendo una condena muy larga y algunos condena perpetua. Afortunadamente, ninguno está condenado a muerte. Ver a una persona esposada y saber que vive en una jaula me desgasta, aunque sepa que puedo irme y volver a mi casa con mi familia.

Cuando visito una cárcel la noto abarrotada, incómoda, ruidosa y sucia. Nadie puede descansar en esa situación y nadie está a gusto. Cada visita a la cárcel es un recordatorio de cómo el racismo está integrado en el sistema, de cómo el encarcelamiento deshumaniza a nuestra gente y de cómo Estados Unidos lidera la clasificación mundial del encarcelamiento de en masa. Desde la década de 1980, las penas de prisión han aumentado considerablemente y esas cargas han recaído más sobre las personas de color.[14] Nuestro sistema de justicia penal apunta y castiga a las

---

14 Para obtener estadísticas adicionales sobre las tasas de encarcelamiento comparativas para los EE. UU. Con otros países, así como desgloses de la duración de las sentencias y las desigualdades raciales, consulte The Sentencing Project, Criminal Justice Facts, 2020, https://www.sentencing- project.org/ criminal-justice- hechos/.

personas de color y a las personas pobres con más dureza que a los privilegiados.[15]

En el tribunal, he visto con mis propios ojos cuántas personas con trajes naranjas no tienen los recursos para obtener una segunda oportunidad o una adecuada atención de salud mental. Especialmente los jóvenes, cuyos cerebros no completamente desarrollados todavía no se consideran un factor atenuante en los casos de crímenes juveniles. En 2017, un juez agradeció al abogado defensor porque la información que incluí en el paquete de mitigación ayudó a educar al tribunal sobre los conceptos básicos del desarrollo del lóbulo frontal.

Conozco e interactúo con personas que no pueden darse cuenta de que existe un racismo estructural en el sistema de justicia, no pueden porque sus vidas no abarcan experiencias tan amplias como para comprender las diferencias de tratamiento en el sistema. Aunque, a veces, este tipo de personas carecen de la capacidad de ponerse en el lugar de otra persona, las trato con humanidad, por otra parte no siento la necesidad de regañar o rehabilitar a los negacionistas, simplemente las desafío a que tengan compasión por mis clientes. Esto significa que, mientras trabajo en nombre de mi cliente, mi conducta profesional incluye la consideración de todas las personas con las que interactúo, y esto me hace consciente de que puedo ser parte del problema o parte de la solución.

De hecho, en mi trabajo me han aconsejado que no tenga esperanza, ni dé esperanza a los clientes y sus familias. Pero creo en las personas con tanta confianza que el solo hecho de llegar a conocerlas a fondo (entender donde se ubican en el camino de sus

---

15 Para obtener más información sobre las disparidades raciales y económicas en las sentencias, consulte el Informe del Proyecto de Sentencias de las Naciones Unidas sobre las disparidades raciales en el sistema de justicia penal de EE. UU., 2018, https://www.sentencingproject.org/publi- cations/un-report-on-racial-disparities/. Las disparidades raciales en el sistema federal también se han documentado, por ejemplo, en Disparidades raciales, étnicas y de género en las sentencias de DB Mustard: Evidence from the US Federal Courts*, https://www.journals.uchicago.edu/doi/abs / 10.1086/320276.
Para una discusión sobre los efectos de la desigualdad de ingresos, consulte https://nij.ojp.gov/ library/ publications/economic-inequality- y sentencias por discriminación.

vidas físicas, mentales y espirituales) me da la fuerza de ayudar a mis clientes. Y estar convencida de que estoy dando lo mejor de mí, me da esperanza de que también todos los que conozco están dando lo mejor de ellos. Y no importa si me equivoco. La esperanza de la que hablo es como un ejercicio de fe.

No me gustan los castigos largos y duros porque entiendo que podrían evitarse si la rehabilitación integral fuera parte del sistema de justicia. Mi trabajo reduce las penas y evita la muerte como forma de castigo. En efecto la mitigación utilizada a gran escala tiene el poder de reducir las sentencias.

En 2003 se dio el primer paso cuando se hizo obligatorio el uso de la mitigación en los casos de pena de muerte. Fue un paso necesario para el colegio de abogados, y no fue el objetivo final. En mi caso he utilizado mis recursos para correr la voz de todas las formas posibles y, como yo, hay otros practicantes privados que trabajan para promover el uso de la mitigación en sus comunidades, y ha sido todo un honor conocerlos. Cuando vi que faltaban especialistas en mitigación, dediqué $ 20,000 en la creación de un curso de capacitación a través de internet. Además me han invitado varias veces al programa "The Prison Show" de la estación de radio KPFT 90.1 Houston (Pacifica network), he contestado a preguntas de personas encarceladas, he consultado a otros especialistas en mitigación sobre sus casos, he participado en seminarios para trabajadores sociales, he dado cursos universitarios en facultades de derecho y charlas en cárceles y prisiones.

Ahora, dedico mi tiempo y esfuerzo a este libro para las familias como las que represento y para sus representantes legales. Este libro no es necesariamente una llamada a la acción. Mi objetivo es iniciar un cambio en el filtro de tu mente, un cambio de punto de vista. Este libro es una invitación a ser parte de la solución.

Compartir información y ser accesible a mi comunidad es mi parte. Se necesitará una variedad de asociaciones para que las investigaciones de mitgación sean parte de todos los casos. Se necesitará más educación, tanto por parte de los profesionales como de las personas más afectadas por nuestro sistema racista.

Los profesionales deberán darse cuenta del papel que desempeñan en el encarcelamiento masivo. Las personas, los profesionales, los defensores y los que toman decisiones deberán crear y apoyar organizaciones sin fines de lucro para brindar mitigación. Se necesitarán fondos de subvenciones asignados a iniciativas de mitigación, especialistas en mitigación otorgados por jueces designados por el tribunal, abogados que apliquen la mitigación en todos los casos. Las facultades de derecho deberán incluir capacitación en mitigación en la oferta de sus cursos. Las familias y los acusados tendrán que saber que es la mitigación, aceptar su invasión de la privacidad, tomar un papel activo en su desarrollo, y abogar por su uso. Todas estas cosas toman tiempo.

La evidencia de mitigación tiene el poder de influir sobre juez y jurado, así pues, tiene el poder de definir la sentencia más adecuada para la persona acusada. Una vez que el juez y el jurado dictan una sentencia, se necesita el triple de trabajo para cambiarla. La mitigación es la forma en que los profesionales luchan por la justicia durante un juicio. Cuando un especialista en mitigación busca registros y entrevista a testigos, está inclinando la balanza de la justicia hacia un equilibrio justo.

Y de hecho me he dado cuenta de que, al saber que el sistema no es justo, las victorias son mucho más dulces. De todos modos, la victoria depende de ti. Una sentencia de cadena perpetua puede no parecer una victoria, pero si la otra única opción es una sentencia de muerte, entonces lo es. La mitigación es la forma en que ayudo a lograr victorias en casos penales. Espero que el lector entienda cómo poder solicitar la mitigación en casos penales. Pues la mitigación es una solución que espera su turno en la línea de reforma de la justicia penal, y mientras esperamos, ¿por qué no ser parte de la justicia para alguien? Esta es una pregunta muy personal y la respuesta es, depende. Depende de cada persona y de cada situación. Cada uno de nosotros define la justicia a su manera.

Cualquiera que lea este libro podría ser un posible miembro del jurado algún día, y quiero que sienta curiosidad por la mitigación. Si no se presenta la mitigación en el juicio, entienda que la persona acusada no está recibiendo un juicio justo. Este sistema cambiará a medida que cambien las personas que operan en él. Nosotros, el pueblo, somos los que cometemos los delitos y amamos a las personas acusadas de cometer delitos. Somos nosotros los que nos sentamos en la tribuna del jurado determinando un castigo. Nosotros, el pueblo, no tenemos más remedio que operar dentro de un sistema injusto. La mitigación realizada correctamente es una forma de restaurar la integridad del sistema. La justicia no puede triunfar sin nosotros, porque la justicia somos nosotros.

CONCLUSIÓN

Este libro fue creado a partir de mi deseo de que todos sepamos más sobre la mitigación y nos hagamos responsables unos a otros como sociedad. Ahora tienes una mejor comprensión de qué es la evidencia de mitigación y cómo obtenerla. Los registros son importantes, pero también lo eres tú, la comunidad que rodea a la persona acusada. Los expertos son importantes, pero los testigos de mitigación son los verdaderos expertos en la vida del cliente. Has leído sobre la salud mental y la salud conductual y cómo se aplican a la defensa penal. Si el cliente se siente ignorado, no está recibiendo la atención que necesita y tal vez ha sido encasillado, sin que se le vea como un ser humano. El cliente debe defenderse por sí mismo o alguien debe hacerlo por él. ¡También estarás luchando por aquellos que vendrán después de ti! Espero que este libro te haya dado la información y la fortaleza para hacerlo. Ahora sabes más sobre cada rol dentro del equipo de defensa penal, y sabes qué pedirles y cómo apoyarlos. Ahora sabes más sobre los recursos disponibles en cada caso. Ahora sabes más sobre el proceso que usa la mitigación para lograr un resultado justo. Eso no significa que puedas, sin importar cuál sea tu papel, sentarte y dar por hecho el proceso. Eres parte de él. Este libro es una de las muchas formas de compartir la mitigación contigo; eres parte del cambio que quiero ver en el mundo. Aquí has aprendido sobre la evidencia de mitigación, las prácticas y los procedimientos que han funcionado para lograr que mis clientes reciban castigos individualizados por sus delitos y para evitar la pena de muerte.

Espero con ansias el día en que una persona sea sentenciada considerando quién es como ser humano, tal como lo exige la ley. Este libro es una herramienta para tomar decisiones informadas en la defensa penal, especialmente para aquellos que tienen la oportunidad personal de influir en los cambios venideros. Estas experiencias compartidas son mi regalo para ti, para que luches por la justicia. Cuando creemos en nuestra humanidad común, las sentencias justas y las alternativas al castigo mantendrán a las personas fuera de prisión. Estamos cambiando al informarnos y al tomar decisiones diferentes con nuestro dinero, con nuestro voto y con nuestra energía. Cada caso en el que he trabajado me ha demostrado que la narrativa, la unidad y la integridad son la fórmula ganadora para la justicia. Al valorar la humanidad en otra persona, quienes toman decisiones pueden reconocer su propia humanidad. Este libro puede parecer que trata solo sobre la aplicación práctica en la defensa penal, pero también trata sobre cambiar vidas. Si puedes ser parte de este cambio, por favor, hazlo.

Apéndice

La Tabla 1 es una fracción de los casos penales de Texas priorizados por el cliente que obtuvo la menor cantidad de investigación de mitigación. Al revisar la tabla, considere el cargo y el castigo. Considere la fecha del crimen y cuánto tiempo antes o después del crimen las pautas de la ABA introdujeron mitigación en el campo de la defensa criminal. Tenga en cuenta que no sabemos todo lo que hay que saber sobre cada persona condenada. Los documentos judiciales a veces proporcionan detalles de un juicio determinado y una investigación de mitigación o la falta de ella. Hay muchos factores que intervienen en una investigación de mitigación, y cada caso es exclusivo de la persona acusada, su equipo de defensa, el condado en el que ocurrió el delito, el fiscal de distrito y el juez y / o jurado. Los factores que se consideran importantes en el resultado de cada caso son múltiples. Esta tabla muestra dónde ha evolucionado y hacia dónde está evolucionando nuestra comunidad de defensa. La Tabla 1 no pretende ser nada más que una herramienta educativa para que el lector vea cómo funciona la mitigación y le proporcione información sobre la práctica.

Los primeros diez casos, desafortunadamente, son casos en los que la mitigación no estaba disponible para el cliente o estaba limitada de alguna manera. MacDonald fue acusado de agresión sexual agravada y el tribunal de primera instancia se negó a darle al cliente un especialista en mitigación. El abogado litigante intentó contratar a una persona que fuera un consejero, pero el asesoramiento y la mitigación son inherentemente diferentes. MacDonald fue condenado a cadena perpetua y apeló.

El abogado asignado al caso de López no investigó ni presentó pruebas de mitigación, y en el 2013, los tribunales de apelaciones fallaron a favor de López para darle una nueva sentencia. Ganar ese caso abrió la puerta a una mayor mitigación en casos no capitales. Sin embargo, diez años antes, el abogado litigante de Alfaro no investigó, ni presentó atenuación, y recibió varias sentencias, por un total de 150 años.

En la parte media de la Tabla 1 se encuentran los casos que tuvieron mitigación, pero su uso fue limitado o mal administrado. El caso de Gonzales incluyó mitigación a través de un experto en defensa. Este es un excelente ejemplo de dónde es tan importante el uso real de la mitigación. El experto que testificó, el Dr. Milam, diagnosticó al Sr. Gonzales y explicó que tenía signos y síntomas de trastorno de apego reactivo debido a la relación del cliente con su madre cuando era muy pequeño. Esto podría llevar a un jurado a pensar que una persona nunca podrá cambiar. El Dr. Milam explicó que el trastorno de Gonzales se debía completamente a factores ambientales, mientras que cuando era niño, el Sr. Gonzales no podía formar un vínculo emocional estable con ninguna figura adulta. Además, esto llevó a tendencias inmaduras, inseguras, solitarias y manipuladoras, mostradas por el Sr. Gonzales más tarde en la vida. El jurado debía decidir si esta parte del pasado del Sr. Gonzales era mitigante o agravante. El jurado fue responsable de decidir el castigo para el Sr. Gonzales, y el jurado le otorgó la muerte.

Los diez casos inferiores se beneficiaron más de la mitigación porque los acusados de homicidio capital no recibieron la pena de muerte. Compare esto con los casos capitales en la parte superior de la tabla, que recibieron una sentencia de muerte. Reyes, Gibbs y Johnson no recibieron ninguna investigación de mitigación hasta una cantidad considerable de tiempo después de que se cometió el crimen. Reyes y Gibbs perdieron la pena de muerte. El caso Johnson fue a juicio y el jurado le dio al acusado la vida sin libertad condicional. El caso Johnson recibió cientos de horas de investigación de mitigación, lo que ayudó porque los miembros del equipo del juicio cambiaron en 2017. Tenga en cuenta que los diez casos inferiores fueron más de diez años después de que se implementaron las pautas de la ABA, tenga en cuenta también que ahora la mitigación es estándar en todos los casos capitales y que más abogados están aprendiendo a utilizar y maximizar los resultados de la mitigación. Adams, Heath y Tiharihondi pudieron obtener la exención de la pena de muerte al principio de sus casos debido a una mitigación efectiva.

Tabla 1 Investigación de mitigación ordenada de menor a mayor. Ejemplos de casos penales de Texas, el cliente que obtuvo la menor cantidad de investigación de mitigación esta abajo (Cade), el cliente con la mayor cantidad de investigación de mitigación esta arriba (MacDonald).

Nombre del caso	Año del crimen	Cargo
MacDonald v. State	2014	Agresión sexual agravada
Lopez v. State	2013	Robo Agravado
Murphy v. Davis	2000	Asesino Capital
Ex parte Alfaro	2003 2007	Abuso sexual continuo de un niño
Green v. State	2013	Indecencia con un niño
Chanthakoummane v. Stephens	2006	Asesino Capital
Johnson v. State	2013	Asesino Capital
Davis v. State	2012	Asesino Capital
Gonzales v. Stephens	2001	Asesino Capital
Capital Murder Cade	2011	Asesino Capital

Continuación

Investigatión de mitigación	Sentencia
En este caso, el tribunal se negó a nombrar un "experto en mitigación". El abogado litigante contrató a un consejero que no estaba calificado para reemplazar el papel de un especialista en mitigación.	De por vida
El abogado no investigó ni presentó ninguna prueba de mitigación en la sentencia, incluso cuando la sentencia fue un acuerdo de culpabilidad.	30 años
El cliente perdió la apelación. Sin embargo, el abogado litigante fue "prohibido procesalmente" en las reclamaciones por no contratar a un experto en mitigación.	Muerte
El abogado del juicio no investigó ni presentó pruebas atenuantes en la fase de castigo del juicio. Éste fue uno de los muchos argumentos en la lista de asistencia ineficaz.	150 años
El abogado litigante no llamó a ningún testigo de mitigación.	20 años
Los abogados litigantes no habían investigado a fondo los antecedentes del cliente para proporcionar pruebas atenuantes. Además, la definición de mitigación en ese momento afectó inconstitucionalmente el resultado de su juicio. El tribunal superior no estuvo de acuerdo. La sentencia de muerte permaneció intacta.	Muerte
El acusado (abogado de apelación) argumentó que el jurado fue seleccionado incorrectamente con respecto a cómo considerarían / sopesarían las pruebas atenuantes.	Muerte
Se realizó una investigación de mitigación y se presentó en el juicio. El acusado (abogado de apelación) argumentó que la definición de mitigación no era adecuada y quería que el tribunal instruyera al jurado sobre como sopesar las pruebas atenuantes.	Muerte
La investigación de mitigación se llevó a cabo y se presentó en el juicio, incluido espacio de expertos. El experto de la defensa testificó sobre detalles atenuantes y agravantes de la vida del cliente.	Muerte
Se realizó una investigación de mitigación y se presentó en el juicio. El tribunal superior denegó la apelación porque encontró que se cumplió el estándar de mitigación y se completó la instrucción del jurado.	Muerte

Continuación de la Tabla 1

Nombre del caso	Año del crimen	Cargo
State v. Gibbs	2010	Asesino Capital
State v. Reyes	2011	Asesino Capital
State v. Johnson	2013	Asesino Capital
State v. Burleson	2015	Asesino Capital
State v. Adams	2012	Asesino Capital
State v. Heath	2016	Asesino Capital
State v. Tiharihondi	2015	Asesino Capital
USA v. Fellows	2018	Agresión sexual a un niño
State v. Nwanne	2017	Robo Agravado
State v. Ligas	2015	Asesino Capital

Continuación

Investigatión de mitigación	Sentencia
La investigación de mitigación se realizó años después del crimen.	30 años
La investigación de mitigación se realizó años después del crimen.	Vida sin libertad condicional
La investigación de mitigación se realizó años después del crimen.	Vida sin libertad condicional por el jurado
El fiscal de distrito renunció a la pena de muerte como forma de muerte. A continuación, el fiscal ofreció un acuerdo de culpabilidad.	Vida sin libertad condicional
La investigación de mitigación comenzó alrededor del momento del crimen. Los hechos de mitigación renunciaron a la pena de muerte después de un año de investigación.	Vida sin libertad condicional
La investigación de mitigación comenzó alrededor del momento del crimen. Los hechos de mitigación renunciaron a la pena de muerte después de un año de investigación.	Vida sin libertad condicional
La investigación de mitigación comenzó alrededor del momento del crimen. Los hechos de mitigación renunciaron a la pena de muerte y el Fiscal ofreció un acuerdo de culpabilidad después de un año de investigación.	Vida sin libertad condicional
La investigación de mitigación comenzó alrededor del momento del crimen. Los hechos de mitigación renunciaron a la cadena perpetua como castigo. El Fiscal accede a limitar (fijar un máximo) a la sentencia.	27 años
Los hechos de mitigación rebajan el cargo, por lo que el fiscal pudo recomendar la libertad condicional.	Libertad condicional
La investigación de mitigación comenzó alrededor del momento del crimen. Los hechos de mitigación renunciaron a la pena de muerte; El juez (a diferencia de un jurado) sentenció al cliente.	15 años

La investigación en mitigación está siendo cada vez más aceptada como una práctica común. Un acusado no puede apelar su caso hasta que haya sido condenado por un delito y realmente enviado a prisión. La mayoría de las apelaciones son financiadas por las familias del acusado y no suelen estar cubiertas por organizaciones públicas, privadas sin fines de lucro o agencias gubernamentales. Cuantas más apelaciones se ganen basadas en fallos de mitigación, mejor. Sin embargo, existen muchas razones por las cuales se puede ganar una apelación,y esto depende del caso.

Para ganar un reclamo por asistencia ineficaz de defensa, el acusado debe demostrar que no recibió la representación que la Constitución exige en la etapa del juicio. Los reclamos de apelación basados en mitigación solo son tan sólidos como la jurisprudencia existente. Ganar una apelación significa que un tribunal superior revisó el proceso y la sentencia del tribunal inferior y decidió que el caso debe ser nuevamente juzgado o sentenciado debido a errores en el nivel del juicio. Si se gana una apelación, el caso regresará al tribunal inferior para ser reexaminado o para una nueva sentencia.

Solo cuando la apelación se gana debido a una decisión de un juez de un tribunal superior, es posible que se genere nueva jurisprudencia que los abogados defensores puedan desarrollar en los juicios. Las apelaciones están limitadas a ciertos casos porque la mayoría de los acusados simplemente no pueden costear un abogado especializado en apelaciones para revisar su caso. La mayoría de las personas que están en prisión tras su condena vivían en una situación de crisis y pobreza en el momento de su juicio.

Tabla 2 Ejemplos de jurisprudencia que respalda la contratación de especialistas en mitigación y utiliza los hallazgos de sus investigaciones.

Fecha de opinión	Nombre del caso	Detalles de la ley del caso
1984	Strickland v. Washington, 455 U.S. 688	Este caso determina si, o cuándo, el derecho de un defensor de la sexta enmienda a un abogado es violado por el desempeño de su abogado en cualquier etapa del caso.
1998	Moore v. State, 983 S.W.2d 15	En este caso,el abogado litigante del apelante no presentó evidencia de factores atenuantes para que el jurado los equilibre con los factores agravantes presentados por el estado. De hecho, el abogado de seguimiento del apelante no investigó los posibles factores atenuantes y no se puso en contacto ni siquiera con un solo miembro de la familia o amigo, a pesar de la disponibilidad de tales pruebas atenuantes.
2000	Milburn v. State, 15 S.W.3d 267, 270	El consejo es ineficaz cuando no se ve, investiga y entrevista a los testigos disponibles durante la fase de castigo.
2003	Wiggins v. Smith, 539 U.S. 510	Wiggins estuvo representado por el defensor público de Maryland que descubrió registros extremadamente útiles. Sin embargo, el defensor público no hizo nada con esos registros. La Corte Suprema dictaminó que existe el deber de investigar a fondo y dar seguimiento a la investigación de los factores atenuantes.
2005	Shanklin v. State, 190 S.W.3d 154	El hecho de no descubrir y presentar pruebas atenuantes no puede justificarse como una decisión táctica cuando el abogado defensor no ha realizado una investigación exhaustiva de los antecedentes del acusado.
2005	Rompilla v. Beard, 545	El abogado defensor de Rompilla fue ineficaz por no hacer esfuerzos razonables para examinar el expediente de las condenas anteriores de Rompilla: violación y agresión. Además, el abogado sabía que la acusación probablemente presentaría la condena previa al jurado durante la sentencia. En ese expediente, el abogado habría encontrado pruebas de mitigación sobre la problemática infancia y la salud mental de Rompilla.
2012	Lafler v. Cooper, 566 U.S. 166	El acusado tiene derecho a un abogado eficaz durante la etapa de declaración de culpabilidad del caso. El abogado debe revelar al cliente la oferta de la fiscalía.
2018	McCoy v. Louisiana, 138 S.Crt 1500	El abogado debe considerar las preocupaciones e ideas del cliente al presentar pruebas o no. El cliente es parte del proceso de toma de decisiones del caso.

Sitio web: https://mitigationuniversity.com/

Mitigation University ofrece una serie de videos sobre la investigación de mitigación en casos penales. Estas técnicas prácticas y conocimientos especializados pueden utilizarse en prácticas cotidianas para ayudar a construir un caso eficaz.

Mitigation University fue creada para mostrar las técnicas de investigación de un especialista en mitigación, con la esperanza de ayudar y apoyar a otros profesionales, así como fomentar el uso de la investigación en mitigación en todos los casos penales.

Dado que la mitigación puede aplicarse en una variedad de contextos, este curso es adecuado para cualquier profesional que se prepare para juicios de pena, acuerdos de culpabilidad o exenciones de pena de muerte en casos de asesinato capital.